Anselm Grün
Hsin-Ju Wu

Kinder führen

Anselm Grün
Hsin-Ju Wu

Kinder führen

Zwischen Tigermüttern und Helikoptereltern –
Orientierung für Erziehende

HERDER

FREIBURG · BASEL · WIEN

MIX
Papier aus verantwor-
tungsvollen Quellen
FSC® C083411

© Verlag Herder GmbH, Freiburg im Breisgau 2015
Alle Rechte vorbehalten
www.herder.de

Satz: de·te·pe, Aalen
Herstellung: CPI books GmbH, Leck
Printed in Germany

ISBN 978-3-451-34268-4

Inhalt

Von Tigermüttern, Helikoptereltern und der Erdbeergeneration

VORWORT

Im Jahr 2011 erschien in den USA ein Buch von Amy Chua, das unter dem deutschen Titel »Die Mutter des Erfolgs: Wie ich meinen Kindern das Siegen beibrachte« bald auch hierzulande Furore machte und Kontroversen auslöste. Die chinesischstämmige Chua, bald bekannt unter dem Titel »Tigermutter«, eine mit einem Amerikaner verheiratete Professorin, beschreibt darin, wie sie ihren beiden Töchtern beibrachte, erfolgreiche Schülerinnen zu werden, »Siegerinnen« eben. Chuas Töchter Sophia (18) und Lulu (15) durften nic fernsehen, am Computer spielen, keine Partys besuchen oder bei Freundinnen übernachten. All das galt der Mutter als Ablenkung und war verpönt. Die Kinder mussten Mathe pauken und täglich mindestens zwei Stunden Klavier oder Geige üben. Immer wurden Bestnoten in der Schule erwartet. Und wenn es mit dem Geigenspiel nicht klappte, dann drohte die Mutter schon einmal damit, Lulus Lieblingsstofftier zu verbrennen. Bei aller Resonanz, die das Buch erfuhr, sowohl in der amerikanischen als auch in der deutschen Öffentlichkeit, waren die Kommentare doch meistens ablehnend. Die einen meinten zwar, es müsse doch etwas dran sein an dieser Erziehungsmethode, wenn sie so erfolgreich sei. Asiatische Schülerinnen und Schüler nehmen im Studienranking schließlich immer vordere Plätze ein. Aber der vorherrschende Eindruck war doch, dass da eine chinesische Einwanderin besonders viel Ehrgeiz entwickelt hatte, um ihre beiden Töchtern zu großen Musikerinnen und zu erfolgreichen Menschen zu erziehen. Im Chinesischen signalisiert der Begriff »Tigermutter« etwas Positives, Kraftvolles. Der Begriff wurde in der Wahrnehmung dieses Buches aber gleichbedeutend mit autoritärem Erziehungsstil. Der Erfolg faszinierte. Aber die angewandten Methoden riefen Empörung hervor. Die heftige Reaktion vieler amerikanischer und deutscher Mütter auf das, was »der asiatische Erziehungsstil« genannt wurde, lässt aber auch vermuten, dass da möglicherweise eigene Schattenseiten aufgezeigt wurden. Wo Amy Chua ihren Töchter »zu viel« an strenger Erziehung angedeihen ließ, wo sie zu sehr auf Leistung setzte und zu viel von ihnen verlangte, da haben amerikanische und deutsche Mütter möglicherweise zu wenig: Mut zur Erziehung. Kinder brauchen auch Herausforderungen. Vor lauter Verstehen geschieht keine Herausforderung.

In Amerika und hierzulande lässt sich auch dieses andere Phänomen an Buchtiteln ablesen. In den USA gibt es die »Mamaholics« und die »Helicopter Parents«, also die Eltern, die es doch immer nur gut meinen und die Kinder dabei ängstlich überbehüten, für alles Verständnis zeigen, immer nur das das Beste für ihr Kind wollen und alles, was belastend scheint, überfürsorglich von ihm fernhalten. Auch in Deutschland gibt es inzwischen kritische Bücher über Helikoptereltern, die unter dem Vorzeichen elterlicher Liebe die totale »Lufthoheit« über das Kind an sich reißen und zwanghaft alles um es herum steuern, sie nicht nur im buchstäblichen Sinn überallhin transportieren, sondern auch kämpferisch gegen alle auch nur vermeintlichen Bedrohungen verteidigen.

Im Gespräch mit Eltern haben wir festgestellt, dass momentan sowohl in Deutschland als auch in Asien (wobei sich diese Bezeichnung im Folgenden vor allem auf Erfahrungen in der chinesischen Kultur bzw. in Taiwan bezieht) eine tiefe Verunsicherung herrscht, wie die Erziehung der Kinder aussehen soll. Es gibt heute nicht mehr *den* in einem bestimmten Kulturkreis allgemein praktizierten, typisch asiatischen und typisch europäischen Erziehungsstil. Im Zeitalter der Globalisierung haben sich auch Probleme angenähert und die verschiedenen Stile vermischt. In Asien gilt die rein auf Konfuzius basierende Erziehungsphilosophie als konservativ. Dort wendet man sich heute gerne auch westlicher Erziehungsphilosophie zu und übersetzt deutsche Pädagogen. Dennoch gibt es auch heute noch typische Unterschiede in der Auffassung von Erziehung im Westen und Osten. Und gerade angesichts der Verunsicherung möchten wir in diesem Buch einen Dialog führen zwischen einer taiwanesischen Mutter und einem deutschen Mönch. Dabei geht es uns nicht um das wertende Vergleichen, um ein Besser oder Schlechter. Vielmehr möchten wir im Dialog voneinander lernen. Die Erziehungsmethode hängt ja immer auch vom gesellschaftlichen Kontext ab. Manche westlichen Methoden passen wunderbar für die Erziehung im Westen, in Asien würden sie jedoch nicht stimmig sein. Umgekehrt gilt das auch von asiatischen Erziehungsmethoden, die ebenfalls auf einen bestimmten geschichtlichen und gesellschaftlichen Hintergrund verweisen. Es geht uns um eine gegenseitige Bereicherung im

Dialog zwischen den verschiedenen Stilen. Dabei können wir beide natürlich nicht den westlichen oder asiatischen Erziehungsstil insgesamt darstellen oder abdecken. Der Mann und Mönch im Autorenteam steht für den benediktinischen Erziehungsstil, der einen wichtigen Teil westlicher Erziehung repräsentiert, aber eben nicht den ganzen. Die Koautorin steht eher für den von Müttern repräsentierten Erziehungsstil im Osten. Aber als Christin ist sie nicht nur vom Konfuzianismus, sondern auch vom westlichen, christlich geprägten Erziehungsstil beeinflusst.

Wir wollten weder ein pädagogisches Fachbuch noch einen Erziehungsratgeber für Eltern schreiben. Ziel unseres Buches ist es, den Leser und die Leserin in diesen Dialog über wichtige Haltungen in der Erziehung mit hineinzunehmen, damit sie für die Erziehung ihrer eigenen Kinder Anregungen daraus ziehen können. Wir möchten dabei in erster Linie das Augenmerk auf die spirituelle Dimension der Kindererziehung lenken und so auf Aspekte hinweisen, die in der Beziehung zwischen Kindern und Eltern fruchtbar werden können.

Anselm Grün: Wir haben alle Texte gemeinsam erarbeitet. Gerade zu den biblischen Geschichten hat Hsin-Ju Wu aus ihrer konkreten Erfahrung mit ihren Kindern wichtige Einsichten beigesteuert und mir zugleich die chinesische Philosophie nähergebracht. Geschrieben habe natürlich ich die Texte, weil ich als Deutscher leichter formulieren kann. Hsin-Ju Wu hat viele Texte – gerade wo sie auf die chinesische Philosophie und auf ihre eigene Erziehungsmethode eingeht – selbst geschrieben. Ich habe sie nur sprachlich etwas korrigiert. Zwischendrin stellen wir uns gegenseitig Fragen, um die verschiedenen Erfahrungen in der Erziehung noch anschaulicher werden zu lassen.

Es geht uns, wie betont, mit der Fragestellung dieses Buches nicht darum, Eltern zu verunsichern. Wir wollen sie vielmehr bestärken, beim Lesen dieses Buches ihren eigenen Erziehungsstil zu finden. Entscheidend dabei ist, dass sie mit ihrer Erziehung den Kindern gerecht werden. Es geht darum, sich über das Ziel der Erziehung Gedanken zu machen. Amy Chua scheint allzu besessen vom Ziel des Erfolgs zu sein. Dabei hat sie die Eigenart und Wünsche ihrer Töchter oft übersehen. Es hat auch bei beiden Töchtern nicht in der gleichen Weise »funktioniert«. Aber die Art und Weise, wie sie mit ihren Töchtern gekämpft hat, wie viel Zeit und Kraft sie für die Erziehung verwandt hat und wie sie ihre Töchter herausgefordert hat, zu wachsen, das ist durchaus bedenkenswert.

Fixierung auf Leistung gibt es nicht nur in asiatischen Erziehungskonzepten. Sowohl in Amerika als auch in Europa gibt es heute durchaus »Tigermütter«, die ganz und gar auf den Erfolg ihrer Kinder aus sind, um sie für den Lebenskampf in einer von Konkurrenz und Leistung bestimmten Gesellschaft zu stärken. Und in Deutschland beklagen viele Pädagogen eine formale Leistungsfixierung, die sich etwa darin zeigt, wie sehr manche Eltern darum kämpfen, dass ihre Kinder sich für das Gymnasium oder einen Hochschulabschluss qualifizieren. Aber auch andere Tendenzen sind festzustellen, auf die wir noch zu sprechen kommen.

Wir möchten einen Dialog führen zwischen der Erziehungsphilosophie, wie sie in Asien vor allem vom Konfizianismus geprägt ist, und der Erziehungsphilosophie, wie sie auf dem Hintergrund der Regel Benedikts im Abendland entwickelt worden ist. Dabei ist die Erziehung, die dem Geist Benedikts verpflichtet ist, durchaus auch herausfordernd, auch für den Westen. Bei Benedikt ist die Betonung des Einzelnen und dessen, was der Einzelne braucht, viel stärker als im Konfuzianismus. Benedikt vertraut viel mehr den Fähigkeiten des Einzelnen. Übertragen auf das Thema Erziehung kann man sagen: Ihm geht es darum, dem einzelnen Kind gerecht zu werden und in ihm das Leben hervorzulocken, das Gott gerade diesem individuellen Kind geschenkt hat.

Die Erziehung, wie sie Konfuzius versteht, zielt im Unterschied dazu in erster Linie auf das gute Funktionieren des Menschen innerhalb der Gesellschaft. Der Mensch soll ein gutes Glied der Gesellschaft werden. Nicht die Menschenwürde des Einzelnen steht also im Vordergrund, sondern seine Funktion im sozialen Ganzen.

Jedes Erziehungsmodell hat seine Stärken und Schwächen und ist bei näherem Hinsehen auch differenzierter als die eben gezeichnete Typologie vermuten lässt. So steht bei Benedikt zwar der Einzelne im Mittelpunkt, aber er sieht den Mönch auch immer als Teil der Gemeinschaft. Und nach der Lehre des Konfuzius soll die Erziehung den guten Kern im Menschen hervorlocken und ihn zu einem »moralischen« Menschen ausbilden, damit die Gesellschaft durch solche »moralischen Menschen« stabilisiert wird. Doch dabei wird manchmal die Würde des

Einzelnen nicht genügend und der Anteil seiner Gefühle kaum beachtet. Daher entsteht in Asien nur sehr schwer eine demokratische Mentalität. Das typische demokratische Denken entspricht dem westlichen Erziehungsstil.

Hsin-Ju Wu: Mein Anliegen beim Schreiben dieses Buches war es vor allem, bei den Eltern den Sinn für Spiritualität zu wecken und durch die Erziehung den Kindern Spiritualität zu vermitteln. Kinder bekommen durch einen spirituellen Weg innere Stärke, Kraft und Mut. Das geschieht nicht durch Belehrung, sondern durch die Praxis der Spiritualität. Bei spirituellen Ritualen kommen die Kinder mit ihrem eigenen Herzen in Berührung. Das verwandelt sie. Erziehung heißt auch »Verwandlung«. Das Ziel der Erziehung ist die Verwandlung in das eigene Wesen. Das Kind soll immer mehr es selbst werden.

Asiaten haben in der Regel wenig gelernt, mit eigenen Gefühlen und Emotionen umzugehen. Erziehung hat jedoch immer mit Gefühlen zu tun, sowohl bei den Eltern als auch bei den Kindern. Durch die Bücher von P. Anselm habe ich selber erkannt, dass die Spiritualität mir den Mut gibt, zu meinen Gefühlen zu stehen und die Gefühle auch in die Erziehung einfließen zu lassen. Ohne die Kraft der Gefühle wäre eine noch so engagierte Erziehung so, wie es ein chinesisches Sprichwort sagt, »volle Anstrengung, aber halbe Leistung«.

Der Unterschied zwischen deutscher und chinesischer Erziehung zeigt sich für mich zunächst schon im Wort. Das deutsche Wort »erziehen« meint zunächst einmal: das herauszuziehen, was im Kind ist. Das chinesische Wort für Erziehung »Jiao Yu« ist aus zwei Worten zusammengesetzt. Das erste Wort bedeutet: die Kinder etwas lehren. Und das zweite: die Kinder in der Absicht wachsen lassen, dass sie gute Menschen werden, so dass sie in die Form kommen, die für sie angemessen ist. In diesen beiden Worten wird etwas von der Spannung der Erziehung sichtbar. Auf der einen Seite ist Erziehen etwas Aktives. Ich lehre die Kinder etwas. Zum andern geht es auch um das Wachsenlassen, damit das Kind in die Gestalt hineinwächst, die Gott ihm geschenkt hat. Erziehung ist ein Ringen der Eltern mit den Kindern. Sie ist nicht einfach nur ein Beobachten, sondern auch Auseinandersetzung, d.h. ein aktiver Eingriff.

Ein anderer Unterschied betrifft die äußeren, also die gesellschaftlichen und ökonomischen Verhältnisse im Westen und im Osten. In Deutschland ist in einer sozialen Marktwirtschaft ein guter Rahmen von außen gegeben. Eltern und Kinder sind sozial weitgehend abgesichert. In Taiwan und in den meisten Ländern Asiens gibt es wesentlich weniger Fürsorge des Staates. Die Kinder müssen daher so erzogen werden, dass sie später in der Gesellschaft für sich selber und ihre Familie sorgen können. Sie brauchen mehr Kraft, sich durchzusetzen, um bestehen zu können. Denn in Asien ist der Konkurrenzdruck wesentlich größer als in Europa, und es herrscht die Überzeugung: Nur über eine gute Erziehung und Ausbildung kann man später etwas im Leben erreichen.

In Asien herrscht zudem traditionell eine andere Erziehungsphilosophie vor. Sie ist vom Konfuzianismus geprägt. Dort werden intellektuelle Berufe seit je sehr hoch geschätzt. Daher ist eine gute intellektuelle Ausbildung der einzige Weg zum sozialen Aufstieg. In China gibt es

Kinder führen

schon seit über 1400 Jahren »staatliche Examina«. Sie waren der einzige Weg, um Beamter oder Politiker werden zu können. Die akademischen Ressourcen sind in Asien geringer. Umso größer ist der Konkurrenzdruck beim Lernen. Die Eltern müssen sich intensiv für die Ausbildung ihrer Kinder einsetzen, nicht zuletzt durch das Aufbringen finanzieller Mittel. Die Gefahr bei dieser starken äußeren Leistungsorientierung ist freilich, dass die Kinder darüber ihre eigene Identität verlieren. Daher ist es für uns eine wichtige Aufgabe bei der Erziehung, dass die Kinder ihr Selbstbild wiederentdecken, dass sie ganz die werden, die sie von ihrem inneren Wesen her sind.

Wenn wir über die Erziehung sprechen, dann müssen wir auch die gesellschaftlichen Rahmenbedingungen beachten, die sich in modernen Gesellschaften in ständiger Veränderung befinden. Da gibt es nicht nur den Wechsel von technischen Paradigmen. In der 68er-Generation geschah der Wechsel vom Papier zum PC auch im privaten und beruflichen Bereich; inzwischen hat sich darüber hinaus der Wechsel zum Internet als schier unbegrenztem Möglichkeitsraum der Kommunikation längst vollzogen. Freilich wird jetzt auch deutlich: Unbegrenzte Freiheit führt zu Orientierungslosigkeit und zu einer negativen Einheitlichkeit, also zum Gegenteil von Freiheit.

In der 68er-Generation bzw. seit den 70er Jahren führte mehr Freiheit in der Erziehung zu mehr Individualismus und Kreativität gegenüber einer übertriebenen Gehorsamsideologie, die in Deutschland aus der Nazi-Zeit nachwirkte, oder, wie in Asien, zum Widerstand gegen autoritäre Regime. Heute, in der Phase der Globalisierung, herrscht wieder ein anderes Paradigma vor. Im

Internetzeitalter sehen Jugendliche sich einer Flut von Informationen gegenüber. Die Chance unbegrenzter Freiheit schlägt um in die Gefahr unkritischer Übernahme dessen, was im Internet vorgeführt wird. Die Internetgeneration braucht also nicht mehr Freiheit, was ihr nottut ist vielmehr Orientierung angesichts eines uferlosen Angebots. Und das setzt auf Seiten der Kinder die Fähigkeit voraus, sich selbst zu disziplinieren und sich zu begrenzen. Und auf Seiten der Erziehenden braucht es ein Bewusstsein von Werten. Es sind wertgestützte Haltungen, die den Heranwachsenden mitten in der rasanten äußeren Veränderung Sicherheit und damit inneren Halt geben. Und um auch das gleich einleitend als unsere gemeinsame Überzeugung festzuhalten: Der entscheidende Wert in jeder Erziehung ist die Liebe.

Anselm Grün: Von welchem kulturellen Ausgangspunkt aus und von welcher Tradition her man also über das Thema nachdenkt: Erziehung heute muss dem angedeuteten Paradigmenwechsel Rechnung tragen und bei aller äußeren Veränderung an bestimmten Werten festhalten. Werte schützen die Würde der Menschen. Wichtig ist, dass wir uns der Werte bewusst werden, auf deren Grundlage wir erziehen und auf die hin wir erziehen. Erziehungsprobleme haben immer auch mit der Wertproblematik zu tun. In meinem Buch »Menschen führen – Leben wecken« habe ich die Regel des hl. Benedikt daraufhin untersucht, was sie über die Führungsaufgabe in einem Unternehmen aussagt. Als Hsin-Ju Wu dieses Buch ins Chinesische übersetzt hat, ist ihr als Mutter zweier Kinder und als Beraterin vieler Familien aufgegangen, dass viele Gedanken aus der Regel des hl. Benedikt auch für die Erziehung von Kindern zutreffen. So haben wir uns gemeinsam daran gemacht, von verschiedenen Blickpunkten und vor dem Hintergrund unterschiedlicher Lebenserfahrungen, auf die Regel zu schauen und sie als Leitfaden für die Kindererziehung zu nutzen. Und wir haben schließlich gemeinsam biblische Geschichten ausgesucht, die uns als Bild in den Blick gekommen sind, das man auf die Kindererziehung anwenden oder darauf übertragen könnte. Wir haben diese Geschichten gemeinsam meditiert und ausgelegt. Bei manchen Geschichten versuchen wir, durch einen Dialog diese Auslegung noch konkreter in den Alltag einer Mutter von zwei Kindern zu übersetzen. In diesem Dialog soll durchaus auch die Spannung zwischen dem Mönch und der Mutter, zwischen dem Europäer und der Asiatin sichtbar werden. Gerade die verschiedenen Sichtweisen mögen den Leser und die Leserin anregen, sich selbst Gedanken zu machen, was ihn oder sie bei der Kindererziehung bewegt und was er oder sie für sich an Hilfe daraus ziehen kann.

In den letzten Jahren sind viele Ratgeber und Sachbücher über Erziehung geschrieben worden. Im Schreckbild des »kleinen Tyrannen« fanden etwa viele eine Realität – und eine Unsicherheit – des Erziehungsalltags von Eltern wieder. Was an dieser Resonanz offensichtlich wird, ist dies: Erziehung gelingt heute nicht so leicht und selbstverständlich. Wenn wir von »spiritueller Dimension« sprechen bedeutet das für uns: Die Eltern können aus einer tieferen Quelle schöpfen. Spiritualität ist eine Herausforderung, als Vater oder Mutter gut mit den Kindern umzugehen. Spirituelle Erziehung bedeutet für uns auch, dass die Kinder ihre tiefe Sehnsucht, die sie in sich tragen, ausdrücken können und dass die Eltern auf diese Sehnsucht antworten. Die Bibel und die Regel des hl. Benedikt sollen uns dabei zum Lehrmeister werden. Wir wollen uns Bilder anschauen, die sowohl für die Kinder als auch für die Eltern heilsam sind. Es soll damit keine Theorie aufgestellt werden, sondern Bilder sollen uns eine Richtung aufzeigen, wie Erziehung gelingen kann. Vor allem wollen wir den Eltern, die unser Buch lesen, kein schlechtes Gewissen vermitteln oder sie unter Druck setzen, so oder so zu erziehen. Wir möchten ihnen vielmehr durch unsere Gedanken Mut machen, ihren eigenen Gefühlen zu trauen und auf die Kinder und ihre wahren Bedürfnisse zu hören.

Erziehung hat, wie gesagt, immer auch mit einem gesellschaftlichen Umfeld zu tun. Wenn in den letzten Jahren in Europa das Interesse an der Kindererziehung in Asien gewachsen ist, dann mag das auch damit zusammenhängen, dass die Zahl der Kinder – nicht nur in Ländern mit staatlich propagierter Geburtenplanung, sondern auch in Europa – in den Familien sinkt, während sich naturgemäß in der Folge die Aufmerksamkeit auf die einzelnen Kinder entsprechend verstärkt. Dies besonders in einer Gesellschaft, in der Unsicherheiten über die Zukunft immer auch mit Ängsten verbunden sind, was die eigene Sicherheit und das Fortkommen der nächsten Generation angeht. Während die einen meinen, die autoritäre Weise, in Asien Kinder zu erziehen, würde nicht für Europa passen, sind andere fasziniert von der Art und Weise, wie asiatische Eltern ihre Kindern zu Leistungen motivieren. In Gesprächen mit Hsin-Ju Wu ist mir aufgegangen, dass

　　　　　　　　　　　　　　　Kinder führen

die asiatische Art der Kindererziehung nicht als autoritäre Erziehung bezeichnet werden kann. Vielmehr geht es darum, dass die Eltern die Ausstrahlung einer klarer Autorität haben. Autorität zu haben ist etwas anderes als autoritär zu sein. Autoritär ist der, der von sich aus keine Autorität hat. Die Eltern in Asien stehen traditionell eher zu ihrer Autorität. Das ermöglicht es ihnen, den Kindern einen Sinn für Disziplin und Ordnung zu vermitteln. Die Eltern in Asien trauen den Kindern mehr zu. Aber das gilt nicht nur für die Eltern, sondern auch für die Gesellschaft. In Taiwan z.B. gibt es in den Schulen keine Putzfrauen, die Kinder putzen selbst. Und es ist selbstverständlich für sie, sie leiden nicht darunter. Vielmehr ist es für sie eine willkommene Abwechslung. An unserer Klosterschule erschraken die Schulleiter, als sie vom Hausmeister hörten, die Kinder würden sich auf seine Bitte hin weigern, das aufzuheben, was sie gerade fallen gelassen haben. Ihre Antwort: Dafür seien die Putzfrauen da. In dieser Antwort wird eine Mentalität sichtbar, die den Kindern nicht gut tut. Und diese Mentalität weist auch auf Schwächen in unserer Erziehungsarbeit hin.

Allerdings ist auch die Erziehung in Asien in den letzten Jahren ständiger Entwicklung ausgesetzt. Auch da ändern sich die Entwicklungsstile. Und das Ergebnis der Erziehung wird von vielen Erwachsenen heute kritisch gesehen.

* * *

Anselm Grün: Auch bei Euch in Taiwan wird momentan die Kindererziehung diskutiert. Welche Probleme gibt es da bei Euch? Und was sind die Bilder, die Ihr für die heranwachsende Kindergeneration verwendet?

Hsin-Ju Wu: Auch wir ringen im Moment um die Balance zwischen Fordern und Fördern, Behüten und Lassen. Natürlich gibt es bei uns die »Tigermütter«, die auf das Fortkommen ihrer Kinder durch Leistung aus sind und die Kinder durch Erziehungsdruck und pädagogischen Drill fördern möchten. Aber auch das andere Extrem gibt es, und auch in Taiwan spricht man von der »Helikoptermutter«, die alle Probleme für die Kinder erledigt, sie überfürsorglich beschützen und bewachen möchte und überall für sie präsent ist. Und man spricht, was die so behüteten Kinder angeht, auch von der »Erdbeergeneration«. Dieses Bild ist klar: Außen sind Erdbeeren sehr schön, sie brauchen viel Pflege und man darf sie nicht verletzen. Dieses Bild sagt aber auch, dass die Erziehung heute nicht mehr die disziplinierten, »toughen« und ehrgeizigen Kinder hervorbringt, sondern weich gewordene, die wie Erdbeeren leicht zusammengedrückt werden können, die bei geringem Druck zerquetscht werden. Das kann zum Problem werden. Doch die Schuld an den absehbaren Problemen dieser »Erdbeergeneration« liegt bei den Eltern. Die Eltern sind verantwortlich, weil sie Angst haben, sich mit den Kindern auseinanderzusetzen und mit ihnen zu kämpfen. Ihre Angst ist Zeichen, dass sie ihre Kinder zu wenig lieben. Aus Angst vor der Auseinandersetzung behandeln sie die Kinder wie weiche Erdbeeren. Doch so können die Kinder nicht zu starken, widerstandsfähigen und durchsetzungsstarken Erwachsenen werden. Sie bleiben weich. Kinder brauchen die Auseinandersetzung. Die

Auseinandersetzung zwischen Eltern und Kindern kann den Kindern helfen, sich später im Leben auftauchenden Schwierigkeiten zu stellen und nicht einfach aufzugeben. Die »Erdbeergeneration« hat wenig Ausdauer und ist unfähig, mit Druck umzugehen. Und sie ist geprägt durch Individualismus und mangelnde Kooperationskompetenz. Eine wichtige Aufgabe der Erziehung für die Kinder der Erdbeergeneration wäre daher, sie Disziplin, seelische Stärke und Beziehungsfähigkeit zu lehren.

Die »Erdbeergeneration« hat natürlich auch ihre Stärken. Sie hat ein Gespür für Ästhetik und Kreativität. Sie hat, wie die Studentenrevolution in Taiwan zeigte, auch einen Sinn für Freiheit. Wichtig ist, dass wir das je eigene Profil jeder Generation akzeptieren und unsere Erziehung so gestalten, dass wir ihr besonderes Potenzial erkennen und Leben und Kraft aus diesem Profil herausziehen und entfalten.

I.

WESTLICHE UND ÖSTLICHE ERZIEHUNGSWEISHEIT

Wir verzichten in diesem Buch darauf, die westlichen und östlichen Erziehungsphilosophien wissenschaftlich oder mit dem Anspruch der Umfassendheit darzulegen. Es genügt uns, einige Hinweise zu geben über wesentliche Elemente des Erziehungsverständnisses in Europa und Asien.

1. Erziehung als »herausziehen« oder »aufwecken«

Im westlichen Denken

Im westlichen Denken hat Erziehen eine Bedeutung, die sich schon in der Wortwurzel zu erkennen gibt: Das deutsche Wort »erziehen« hat als Wurzel das Wort »ziehen«. Und die Vorsilbe »er« bedeutet immer ein Heraus und zugleich ein Ziel. Erziehen meint also: herausziehen und zugleich auf ein Ziel hin ziehen. Im Lateinischen heißt Erziehen »educare« und das meint: »herausführen«. Darin steckt das Wort »ducere«, führen und leiten. Die Römer dachten also beim Erziehen einmal an das Heraus und an das Führen und Begleiten. Der Erzieher zieht das

Kind heraus aus dem Unbewussten und begleitet es, damit es mehr und mehr zu sich selber findet. Das deutsche Wort hat neben dem »Herausführen« auch das Ziel vor Augen: jemanden auf etwas hin ziehen. Im Wort »ziehen« steckt dabei auch etwas Anstrengendes: Ich ziehe an einem Strick. Ich ziehe ein Kind aus dem Wasser. Das Wort »führen« meint mehr die gleiche Ebene. Ich führe ein Kind aus einer Stadt heraus und gehe mit ihm auf der Straße weiter. Das Wort »ziehen« denkt oft an eine Gefahr oder an etwas, in das jemand hinein gefallen ist. Ich muss ihn herausziehen aus der Grube, aus dem Wasser, aus der Gefahr. Der Erzieher zieht das Kind heraus aus Unmündigkeit und Unbewusstheit und er führt es in das einmalige und einzigartige Bild, das Gott sich von ihm gemacht hat: zu seinem eigentlichen Wesen, zur Ausschöpfung seines besten Potenzials.

Erziehung hat auch mit den Wurzeln zu tun. Wir ziehen einen Baum, indem wir seine Wurzeln pflegen. Wir ziehen ihn, damit er sich von seinen Wurzeln her entfaltet. Wie uns die Heilpflanzen zeigen, steckt in der Wurzel auch eine heilende Kraft. Und jede Wurzel hat ihren eigenen würzigen Duft und Geschmack. Erziehung bedeutet daher immer, dem einzelnen Kind seinen eigenen Geschmack zu lassen. Und eine gute Erziehung hat immer auch etwas Heilsames für das Kind.

Das deutsche Wort »erziehen« lässt noch an etwas anderes denken. Erziehung hat immer auch mit Beziehung zu tun. Ich kann ein Kind nur erziehen, wenn ich in einer guten Beziehung zum Kind bin. Psychologen sagen uns, dass die Krankheit unserer Zeit die Beziehungslosigkeit ist. Viele Menschen haben keine Beziehung zu sich selbst.

Dann fehlt ihnen auch die Beziehung zu anderen Menschen und zu den Dingen und die Beziehung zu Gott. So ist die erste Aufgabe der Eltern, dass sie in guter Beziehung zu sich selber sind. Ich muss mich selber spüren, mich selbst kennen. Nur dann kann ich Beziehung zum Kind aufbauen. Wenn ich nicht in Beziehung zu mir bin, dann benutze ich das Kind, um mich selbst zu spüren. Ich brauche das Kind, um in Beziehung zu mir zu kommen. Doch wenn ich das Kind für mich selbst brauche, dann kann ich es nicht erziehen. Ich benutze das Kind. Doch Erziehung ist immer etwas Zweckfreies. Ich benutze das Kind nicht, um meinen inneren Mangel zu füllen und meine Beziehungslosigkeit aufzuheben. Ich bin in Beziehung zu ihm, ich spüre das Kind und ich spüre in der Beziehung zum Kind mich selbst.

Erziehung ist immer auch Beziehung, und das meint nicht Identität, sondern setzt Differenz voraus. Und Beziehung in der Erziehung bedeutet, dass ich dem Kind Grenzen setze. Zur Beziehung gehört, dass zwei selbstständige Personen miteinander eine Beziehung haben. Aber sie verschmelzen nicht miteinander. Die Psychologie spricht von konfluenten Persönlichkeiten. Das sind Menschen, die sich nicht abgrenzen können. Sie haben keine Grenzen. Sie vermischen sich mit dem anderen. Der andere fließt in sie hinein. Konfluente Eltern tun sich schwer, den Kindern Grenzen zu setzen. Doch damit tun sie den Kindern keinen Gefallen. Kinder brauchen Grenzen. Eine Beziehung entsteht nur dann, wenn beide ihre eigenen Grenzen respektieren und zugleich offen sind, die Grenzen zum anderen hin immer wieder zu überschreiten und auf den anderen zuzugehen. Aber sie gehen nicht in den anderen hinein. Sie verschmelzen nicht mit ihm.

Heute haben viele Menschen Angst, den Kindern Grenzen zu setzen. Sie haben vielleicht darunter gelitten, dass ihre Eltern ihnen zu enge Grenzen gesetzt haben. Oder dass die Grenzen unverrückbar waren und nicht darüber gesprochen wurde. Da war einfach klar, was sich gehört und was sich nicht gehört. Manche haben dann ein schlechtes Gewissen, den Kindern Grenzen zu setzen. Sie denken, vielleicht wären die Grenzen zu eng, zu beengend. Doch ein schlechtes Gewissen ist kein guter Ratgeber. Es macht blind für das, was dem Kind wirklich gut tut. An der Grenze entsteht Reibung – so sagt der Pädagoge Jan-Uwe Rogge. Und wo Reibung entsteht, entsteht Wärme. Ohne Grenzen fühlt sich das Kind kalt. Es kann nirgendwo anstoßen. Wenn alles mit Watte ausgestattet wird, lernt das Kind das Leben nicht. Wir leben nicht in einem Raum des Unverbindlichen. Das Kind muss lernen, mit der Realität zu leben. Und die Realität ist immer begrenzt. Sie verweist uns auf unsere Grenzen. Es ist notwendig, einzusehen: Wir können nicht alles haben, was wir wollen.

Viele Kinder rebellieren zuerst, wenn man ihnen Grenzen setzt. Sie können heute schon sehr früh psychologisch argumentieren und den Eltern ein schlechtes Gewissen vermitteln, wenn sie eine Grenze setzen. Als meine Schwester ihrem 13-jährigen Sohn eine Grenze gesetzt hatte und ihm einen Wunsch nicht erfüllte, war er verärgert – und meinte, die anderen Eltern hätten damit keine Probleme. Doch nach drei Wochen kam er zu ihr und sagte ihr: »Du kümmerst dich wenigstens um mich.

Die anderen Mütter sagen nur Ja, weil sie ihre Ruhe haben möchten.« Er spürte also, dass das Setzen von Grenzen für ihn durchaus heilsam ist. Und er zollte letztlich dieser Begrenzung auch seinen Respekt. Wenn die Eltern immer nur nachgeben, weil sie ihre Ruhe haben wollen, dann verlieren sie letztlich die Achtung ihrer Kinder. Die Kinder spüren: Wir haben die Eltern in der Hand. Wir können sie durch das Theater, das wir spielen, immer dazu bringen, unsere Wünsche zu erfüllen. Doch der Verlust des Respekts tut weder den Eltern, noch den Kindern gut.

Im östlichen Denken

Erziehen als Aufwecken des guten Gewissens im östlichen Denken hat einen anderen Akzent: Die chinesische Erziehungslehre ist nicht einheitlich. Sie fußt zum großen Teil auf Konfuzius und seinem wichtigsten Schüler Mengzi. Aber auch Xun Zi hat einen großen Einfluss und Laotse, der einen ganz anderen Erziehungsstil als Konfuzius vertritt. Wir möchten die wichtigsten Ansichten kurz darlegen. Konfuzius (551–479 vor Christus) und sein wichtigster Nachfolger Mengzi, der große Erzieher, gehen davon aus, dass der Mensch in seinem Kern gut ist. Das Ziel der Erziehung besteht darin, das gute Gewissen, das in jedem Menschen steckt, aufzuwecken und den Menschen zu einem edlen Menschen zu erziehen. Der »edle Mensch« zeichnet sich einmal dadurch aus, dass er seine Seele und seinen Körper gut bildet und dass er auch das äußere Erscheinungsbild pflegt. Aber zum edlen Menschen gehört ebenso, dass er eine Familie gut führen und das Land gut verwalten kann, das ihm anvertraut ist. Über das eigene Land hinaus sollte er auch politische Verantwortung für die ganze Welt übernehmen. Wissen und Taten sollen übereinstimmen. Der edle Mensch ist durch vier Kriterien gekennzeichnet: Barmherzigkeit und Toleranz; Weisheit; Tapferkeit; Treue und Loyalität gegenüber dem Kaiser, Staat und Freunden.

Mengzi weist noch auf einen anderen Aspekt der Erziehung hin. Zur Erziehung gehört für ihn auch, die Kinder zu lehren, wie sie mit Schwierigkeiten, Herausforderungen und Misserfolgen umgehen sollen. Von ihm stammt das Wort: »Wem der Himmel eine große Aufgabe zugedacht hat, dessen Herz und Willen zermürbt er erst durch Leid, dessen Leib belastet er mit körperlicher Anstrengung, den lehrt er, Hunger auszuhalten und mit Mangel, Armut und dem Nichtgelingen umzugehen. Dadurch wird der Wille des Menschen gestärkt, die Tugenden werden gefestigt, und die Fähigkeiten erweitert.«

Die konfuzianische Erziehungslehre ist vor allem für intellektuelle Menschen gedacht. Ziel ist es in erster Linie, gute Beamte und Wissenschaftler zu formen. Daher spielt die Hierarchie in diesem System eine wichtige Rolle. Jede Hierarchiestufe hat ihre zugedachte Rolle zu erfüllen, damit alles in Ordnung bleibt. Daher sollen die Kinder ihre Eltern ehren und auch im Alter pflegen. Die Ehre und Pflege der Eltern gehören wesentlich zur Ethik chinesischer Erziehung. Ein anderer Aspekt dieser Berücksichtigung der Hierarchie zeigt sich z. B. darin, dass früher die Kinder ihren Eltern und Lehrern nicht widersprechen durften. Auch wenn sich heute westliche Gedanken eingemischt haben, gilt immer noch, dass die Kinder nur in einer ganz bestimmten Form den Eltern und Lehrern widersprechen dürfen. Eine andere Auswirkung der konfuzianischen Idee ist auch heute noch, dass Eltern für ihre Kinder nicht Freunde sein sollten. Eltern sind Eltern und keine Freunde. Nur als Eltern können sie dem Kind Geborgenheit, Sicherheit und Halt schenken. Viele liberale Eltern huldigen heute jedoch auch in China dem aus dem Westen übernommenen Ideal, ihren Kindern Freunde zu werden. Für die chinesische Tradition aber ist klar: Wenn die Eltern ihre Rolle nicht spielen, dann werden die Kinder orientierungslos.

Xun Zi ist der andere chinesische Philosoph (313–238 vor Christus), der dem Konfuzianismus zugerechnet wird, aber eine Erziehungslehre mit einer unterschiedlichen Akzentsetzung entwickelt hat. Er geht davon aus, dass das Wesen des Menschen böse ist. Ziel der Erziehung ist daher nicht, das gute Wesen des Menschen herauszuziehen, sondern den Menschen Moral und Anstand beizubringen. In diesem Konzept haben die Gesetze eine wichtige Aufgabe. Sie regeln das Miteinander der Menschen und bewahren die Menschen vor dem Bösen, das in ihrem Innern angelegt ist.

Im Mittelalter hat der Neukonfuzianer Zhu Xi (1130–1200 nach Christus) die Erziehungsweisheiten des Konfuzius in seinem Buch über Familienangelegenheiten konkretisiert. Für ihn ist es wichtig, dass die Schüler auf der einen Seite den Anstand lernen, auf der anderen Seite Inhalte der Bildung. Zum Erlernen des Anstandes gehört 1. dass die Schüler das Putzen lernen, 2. dass die Schüler mit anderen gut umgehen, und 3. dass die Schüler ein Gespür dafür entwickeln, ob sie in bestimmten Situationen vorangehen oder zurückbleiben sollen, z. B. ob ein Politiker im Amt bleiben oder zurücktreten soll oder ob ich mit anderen streiten oder den Streit lassen soll. Die Hochschätzung des Putzens wirkt sich heute noch aus in der chinesischen Erziehung. In den Schulen gibt es keine Putzfrauen. Die Schüler sollen bis zu ihrem 18. Lebensjahr die Räume der Schule selber putzen. Durch das Putzen kann man lernen, Verantwortung für die Räume zu tragen. Dass die körperliche Arbeit für die Erziehung wichtig ist, zeigt eine alte Geschichte: Konfuzius machte mit seiner Schulklasse eine Wanderung. Ein Schüler verirrte sich und geriet auf ein Reisfeld. Er fragte den Bauern, ob er seinen Lehrer gesehen habe. Der Bauer antwortete: »Wenn dein Lehrer dich nicht körperliche Anstrengung und das Wissen um die Natur lehrt, verdient er nicht, ein Lehrer zu sein.« Der Schüler fand schließlich Konfuzius und erzählte ihm, was der Bauer ihm gesagt hat. Da antwortete Konfuzius: »Der Bauer ist ein weiser Mann. Er hat Recht: Körperliche Arbeit gehört zur Erziehung. Die körperliche Anstrengung ist die Quelle des Wissens.«

Die wieder anders akzentuierte Erziehungslehre des Laotse richtet sich nicht wie bei Konfuzius an die intellektuellen Menschen, sondern an jeden Menschen. Laotse betont die enge Verbindung zwischen Mensch und Natur. Daher versteht er unter Erziehung, den Menschen zu helfen, dass sie in das hineinwachsen können, was in ihnen angelegt ist. So wie die Natur sich selbst entwickelt, so soll auch der Mensch sich entwickeln. Erziehung besteht darin, dem Menschen in seinem Wachstumsprozess zu helfen, aber nicht ihn zu führen oder zu kontrollieren.

Die Pflanzen, die nach ihrem inneren Muster wachsen, sind ein Urbild dieser Erziehung, die vor allem im Geschehenlassen und Wachsenlassen besteht.

Alle drei Lehren spielen in der chinesischen Erziehung eine Rolle. Allgemein kann man sagen, dass die Erziehung – bedingt durch den Einfluss des Konfuzius – in Asien leistungsorientiert ist. Das Ziel der Erziehung ist, dass der Einzelne eine wichtige Funktion in der Gesellschaft spielt. Die Erziehung dient dazu, eine gute Ausbildung zu bekommen, seine soziale Position zu erhöhen (z. B. vermögender zu werden) und in der Gesellschaft eine wichtige Rolle zu spielen, z. B. als Beamter, Bürgermeister, Offizier. Erziehung ist auf jeden Fall in Asien ein hoher Wert. Jedes Kind hat ein Recht auf Erziehung. Es gibt ein Sprichwort, das besagt: Wenn Eltern ihre Kinder nur ernähren, aber nicht erziehen, werden sie schuldig an ihnen. Die Chinesen betonen, dass alle eine gerechte Chance auf Erziehung haben sollten. Die Erziehung sollte dabei dem eigenen Charakter jedes Kindes entsprechen. Allerdings widerspricht die heutige Leistungsorientierung in der Erziehung diesem alten Idealbild. Auch in Asien setzen sich die Eltern mit verschiedenen Erziehungsmodellen auseinander. Doch der Einfluss der Erziehungslehren eines Konfuzius, Xun Zi und Laotse ist immer noch zu spüren.

Hsin-Ju Wu: Für mich selber zeigt sich der Einfluss des Konfuzius konkret vor allem darin, dass ich den Kindern immer wieder auch Grenzen setze. Kinder und Eltern sind nicht auf der gleichen Ebene. Es gibt eine Rangfolge innerhalb der Beziehungen. Elternschaft ist keine

Freundschaft. Die Eltern sollten für ihre Kinder eine Autorität darstellen, damit die Kinder ein Orientierungsgefühl bekommen. Wenn die Eltern den Mut zur Autorität aufbringen, dann schaffen sie auch Geborgenheit und Sicherheitsgefühl. Die richtige Ordnung in der Beziehung schafft auch Wertschätzung. Eltern und Kindern, aber ihre Rollen sind unterschiedlich. Je kleiner die Kinder sind, desto wichtiger ist die Ordnung für sie. Erst wenn Kinder erwachsen sind, kann sich die Beziehung in Richtung Freundschaft wandeln.

* * *

Anselm Grün: Welche Bilder habt Ihr im Chinesischen für »Erziehung«? Und welche Aspekte sind Euch an der Erziehung wichtig? Ist das Setzen von Grenzen für Euch ein Thema? Oder ist das bei Euch noch selbstverständlich, dass die Kinder die Grenzen akzeptieren?

Hsin-Ju Wu: Das chinesische Wort für »Erziehung« beinhaltet Kraft und Anstrengung und Ausdauer beim »Ziehen« eines Kindes. Die Eltern erziehen die Kinder mit Kraft. Diese Kraft zeigt sich in der Auseinandersetzung mit den Kindern und auch im Kampf mit- und füreinander. Erziehung ist eine Herausforderung für die Eltern, aber auch für die Kinder. Die Kinder herauszuziehen aus dem Ungeformten, verlangt Kraft auf Seiten der Eltern. Aber auch die Kinder sollten lernen, etwas auszuhalten, was sie nicht gerne machen oder was sie nicht gerne mögen. Erziehung besteht darin, bei den Kindern Ausdauer zu trainieren und die Fähigkeit, etwas auszuhalten. Wenn

Kinder führen

Kinder in der Kindheit nur machen müssen, was sie gerne wollen, dann können sie später nichts aushalten und keine Ausdauer entwickeln. Erziehung heißt also: aus den Kindern herausziehen, was in ihnen verborgen ist. Dann bekommen sie selber Anziehungskraft. Dann werden sie anziehend für andere.

Und was das Thema Grenzen angeht: Ich vermittle meinen Kindern immer, du kannst eine andere Meinung haben, aber du musst dich mit mir darüber auseinandersetzen und zwar in der Haltung von Wertschätzung. Wenn du mich überzeugen kannst, kannst du deine Meinung durchsetzen. Wenn nicht, dann musst du »meine Autorität als Mutter« annehmen. Gerechte Autorität hat natürlich immer mit Liebe zu tun. Eltern, die zu ihrer Autorität stehen, sind immer ein Vorbild, sie müssen ihre eigene Disziplin durchsetzen. Kämpferische Eltern sind immer anstrengender als »lockere Eltern«. Doch sie kämpfen mit den Kindern, um ihnen ihre Liebe zu zeigen.

* * *

Hsin-Ju Wu: Was ist für dich der Unterschied zwischen »autoritär« und »Autorität«, wenn es um Erziehung geht? Der hl. Benedikt hat mit Blick auf den Abt und Cellerar geschrieben: Er soll der ganzen Gemeinschaft wie ein Vater sein. Was bedeutet das?

Anselm Grün: Das Wort »Autorität« kommt vom lateinischen Wort »augere«, das mehren heißt. Autorität lässt die Kinder wachsen. Sie fördert das Wachstum. Autoritär ist dagegen jemand, der keine Autorität hat. Er muss sich beweisen. Deshalb will er mit Gewalt seine Meinung durchsetzen. Er ist nicht bereit, mit seinen Angestellten – bzw., wenn wir von einem Familienvater sprechen, mit seinen Kindern – zu sprechen. Er versteckt sich hinter seiner Stellung und seiner Rolle. Aber er setzt sich nicht als Mensch mit den anderen auseinander. Autoritär sind meistens Menschen, die unsicher sind. Der Vater stellt Autorität dar. Wenn der Vater den Kindern den Rücken stärkt, werden sie zu einer starken Persönlichkeit heranwachsen. Sie werden fähig, sich Konflikten zu stellen. Wenn die väterliche Energie fehlt, dann werden Menschen konfliktscheu oder sie werden autoritär. Wer autoritär ist, der entzieht sich letztlich dem Konflikt. Er lässt sich nicht darauf ein, sondern stellt sich als unfehlbar hin. Ein autoritärer Vater diskutiert nicht mit den Kindern. Er verlangt einfach nur Gehorsam. Doch dieser autoritäre Stil dient nicht der Erziehung. Er verbiegt die Kinder zu gehorsamen Befehlsempfängern.

2. Erziehung und Beziehung

Wenn wir schon davon gesprochen haben, dass Erziehung immer auch Beziehung ist, meinten wir damit vor allem die Beziehung zwischen Eltern und Kindern. Die ist für asiatische Eltern noch wichtiger als für europäische Eltern. Denn sie betonen die Autorität der Eltern und möchten zugleich die Kinder respektieren. Sie sind bestrebt, zwischen diesen beiden Polen eine Balance zu finden. Das mag die Reaktion der Tochter von Hsin-Ju Wu auf das Buch von Amy Chua verdeutlichen. Als sie durch die Medien von dem Buch hörte, war sie ganz dagegen. Als sie es dann selber gelesen hatte, war sie davon sehr berührt. Sie meinte, die Eltern sollten das Leben der Kinder nicht bestimmen, sondern gemeinsam mit den Kindern ihr Lebensziel suchen. Wenn sie gemeinsam das Ziel gefunden haben, sollten die Eltern auch helfen, dass die Kinder die Disziplin aufbringen, dieses Ziel auch zu erreichen. Die Eltern dürfen nach ihrer Ansicht die Kinder also durchaus herausfordern, aber nicht als Zuschauer, sondern als Eltern, die die Kinder auf ihrem Weg begleiten. Der Fehler von Amy Chua war nach Ansicht dieses Mädchens also, dass sie allein das Lebensziel ihrer Töchter bestimmt und nicht mit ihnen darüber gesprochen hat. Aber sie hat auch Disziplin gezeigt und war ständig in Beziehung zu ihren Töchtern und hat sie auf ihrem Weg mit großem Einsatz unterstützt. Was mich erstaunte: Die Tochter von Frau Wu meinte, Amy Chua habe ihre Erwartungen an die Töchter nicht übertrieben. Die Erwartungen des heutigen Schulsystems in Taiwan an die Kinder seien weit größer.

Neben der Beziehung zwischen Eltern und den einzelnen Kindern gibt es auch die Beziehung der Kinder untereinander und ihre Beziehung zur ganzen Familie. Mir wurde immer wieder deutlich, dass in Asien viel mehr als bei uns Wert auf die Beziehung der Kinder untereinander und zur Familie gelegt wird. Und wir hatten in unserem gegenseitigen Austausch den Eindruck, dass die Beziehungsprobleme, die in Europa so stark angewachsen sind, auch mit diesem Aspekt der Erziehung zu tun haben. In

Deutschland legt man vor allem darauf Wert, dass die Kinder zu selbstständigen Personen heranwachsen. Dabei geht es um das Individuum. Der Individualismus herrscht nicht nur in der Erziehung vor, sondern auch in der Gesellschaft. Die Medien preisen den selbstständigen Menschen an. Jeder steht für sich ein. Jeder entwickelt sich für sich selbst. In Asien dagegen ist die Familie traditionell viel wichtiger. Auch wenn sich natürlich in der chinesischen Familienstruktur aktuell viel geändert hat: In der Erziehung legt man auch heute noch schon von Anfang an Wert auf diese Dimension der Beziehung. Die Großfamilie hat immer noch eine viel stärkere Bedeutung. Die Kinder wachsen nicht allein auf. Sie haben engen Kontakt zu den Cousinen und Cousins und zu ihren Onkel und Tanten. Dass die Beziehung viel mehr betont wird, erkennt man allein daran, dass es in China verschiedene Bezeichnungen der Onkel und Tanten gibt. Für Deutsche gibt es einfach nur Großvater und Großmutter, Onkel und Tanten. Doch im Chinesischen wird der Bruder des Vaters anders bezeichnet als der Bruder der Mutter, die Schwester des Vaters anders als die Schwester der Mutter. Und die Schwestern und Brüder der Cousinen und Cousins werden wieder anders bezeichnet. Auch für die Großeltern unterscheidet man zwischen den Großeltern auf mütterlicher oder väterlicher Seite. Deutsche Kinder nennen die Oma mit deren Wohnort, mit ihrem jeweiligen Vornamen oder dem Familiennamen der Eltern: also die »Grün-Oma« oder die »Müller-Oma«. Doch im Chinesischen ist es ganz klar, wer gemeint ist. Das ist nicht nur eine sprachliche Besonderheit. Vielmehr weist bereits die Sprache auf die Qualität der Beziehung

Kinder führen

hin. Die Kinder lernen, zu den verschiedenen Gliedern einer Familie eine besondere Beziehung einzugehen und sie in einem ganz bestimmten Licht zu sehen.

Wenn wir im Deutschen von Beziehung und Erziehung sprechen, dann meinen wir vor allem die Beziehung zwischen Eltern und Kindern. Ich kann die Kinder tatsächlich nur erziehen, wenn ich in guter Beziehung zu ihnen stehe. In Asien stellt man sie von vornherein in den großen Familienverbund und sorgt dafür, dass sie nicht allein für sich, isoliert in der Kleinfamilie aufwachsen, sondern in Beziehung stehen zur Großfamilie. Wer dieses Miteinander so intensiv erfahren und als Kind immer schon auf Beziehung hin erzogen wurde, der tut sich als Erwachsener leichter: Er hat schon als Kind gelernt, dass es in jeder Beziehung auch Konflikte gibt. Aber er auch gelernt, mit den Konflikten umzugehen und sich in guter Weise auf andere einzulassen. Daher gehört zur Erziehung auch, die Konfliktfähigkeit der Kinder zu stärken.

Generell lässt sich beobachten: Wer nur zum Wert der Selbstständigkeit und zu individualistisch erzogen wurde, ist schnell enttäuscht, wenn die Beziehung nicht so ideal ist, wie er es erwartet hat. Diese Erfahrungen kann man übrigens auch im Kloster machen. Wenn da junge Männer eintreten, die in ihrer Familie Einzelkind waren und wenig in Beziehung zu ihrer Großfamilie standen, dann tun sie sich immer schwer, sich auf die klösterliche Gemeinschaft einzulassen. Als Einzelkind haben sie die ganze Aufmerksamkeit ihrer Eltern erfahren. Sie wurden oft mit Erwartungen überfrachtet. Das hat sie emotional oft überfordert. In vielen Gesprächen wird mir immer wieder deutlich, dass die vielen Beziehungsprobleme – vor allem in der Ehe – damit zu tun haben, dass die Partner als Kind zu wenig in Beziehung waren zu anderen Kindern. Oft ist der Ehepartner die Verheißung, endlich eine gute Beziehung zu finden – etwa, wenn die Beziehung zu den Eltern oder den Geschwistern nicht gut war. Doch dann überfordert man die Beziehung mit einer zu großen Erwartung. Man hat nicht gelernt, mit Konflikten und mit der Alltäglichkeit der Beziehung umzugehen.

Hsin-Ju Wu: Für mich ist es ganz normal, dass Konflikte in der Familie entstehen. Wichtig ist, die Konflikte immer anzusprechen. Dabei ist es wichtig, dem anderen nicht mit Vorwürfen zu begegnen, sondern erst einmal genau hinzuhören, was der andere sagen will und warum er so denkt oder handelt. Ungelöste Konflikte belasten die Familie und können sie innerlich zerreißen. Um Konflikte lösen zu können, müssen wir aber zuerst einmal gut mit unseren Gefühlen umgehen lernen. Das ist für uns in der chinesischen Kultur nicht so einfach. Denn da werden Gefühle in der Regel eher unterdrückt. Ich zeige meinen Kindern meine Gefühle. Bevor ich nach außen richtig zornig wurde, habe ich meinen Kindern immer gesagt: »Es reicht jetzt. Ich spüre schon Zorn in mir. Wenn es so weiter geht, werde ich explodieren.« Wenn meine Kinder mich verletzt haben, habe ich ihnen immer erklärt, warum ich mich verletzt fühle und wie sie sich in Zukunft anders verhalten sollten. Und wenn meine Kinder sich von mir verletzt fühlen, entschuldige ich mich bei ihnen und frage sie, wie ich mich in Zukunft besser verhalten könnte.

Als meine Kinder klein waren, habe ich auf dem Spielplatz oft Konflikte zwischen den Kindern beobachtet. Manche Eltern halten sich da ganz heraus und lassen die Kinder einfach streiten. Andere ergreifen unbesehen Partei für ihr Kind. Als Eltern sollten wir ein Gespür haben, wo wir die Kinder stärken können, mit einem Konflikt umzugehen, und wo wir sie lassen können. Doch das Lassen gelingt nur, wenn wir vertrauen, dass sie gelernt haben, angemessen auf einen Konflikt zu reagieren. Ich bin überzeugt: Ein gutes Miteinander zu üben, ist auch für das spätere berufliche Leben wichtig. Heute ist vor allem bei internationalen und interkulturell arbeitenden Firmen die Fähigkeit zur Zusammenarbeit gefragt. Wer nicht fähig ist, sich auf »Teamwork« einzulassen, hat in der heutigen Wirtschaftswelt auf Dauer keine Chance. Innerhalb eines Teams ist Koordinationsfähigkeit nicht weniger wichtig als Fachwissen. Fachwissen kann man in der Arbeit nachträglich trainieren. Aber Beziehungsfähigkeit ist eine Tugend, die man nur in der Kindheit erwerben kann. Die Fähigkeit, Meinungsverschiedenheiten und Konflikte so zu lösen, dass alle davon profitieren und ihre Fähigkeiten entfalten können, wird immer wichtiger. Schon deswegen sollten wir als Eltern bei den Kindern Beziehungsfähigkeit, Sensibilität und Toleranz für andere fördern.

Jeder hat Stärken und Schwächen. Viele Kinder können nur sich selbst bewundern lassen, aber sie sind unfähig, die Stärke anderer wahrzunehmen, zu akzeptieren oder gar zu bewundern. Sie kreisen narzisstisch nur um sich, weil sie von ihren Eltern immer auf übertriebene Weise gelobt werden. Wir als Eltern sollten unsere Kinder bewusst auf die Stärke anderer erinnern, damit sie andere auch bewundern können. Und wir sollten sie auch auf die Schwächen von anderen hinweisen, damit sie den anderen helfen. Beziehungsfähigkeit ist Wahrnehmungsfähigkeit. Nur wenn Kinder andere in ihren Fähigkeiten wahrnehmen und schätzen können, werden sie lernen, gute Beziehungen aufzubauen. Natürlich lobe ich meine Tochter auch. Aber noch wichtiger ist, dass auch sie selber andere Kinder loben kann. Nur wenn man die anderen von ganzem Herzen loben kann, wird man ein gesundes Selbstvertrauen entwickeln. Das ist für mich »Konkurrenzfähigkeit«. Als ich das einmal auf einem chinesischen Spielplatz einer anderen chinesischen Mutter zu erklären versuchte, bekam ich zur Antwort: »In China dürfen Kinder nicht schwach sein. Sie müssen lernen, die Schwäche anderer auszunutzen, um zu gewinnen. Sie müssen auf andere treten, damit sie auf dem Körper des anderen nach oben steigen können.«

Genau das ist freilich der Grund, weswegen heute viele Kinder in China nicht gerecht mit anderen umgehen können. Die Folge: Es ist statistisch belegt, dass in internationalen Firmen die chinesischen Mitarbeiter weniger kooperative Kompetenz haben, auch wenn sie für sich allein ausgezeichnet arbeiten können.

Beziehungsfähigkeit ist wichtig und Beziehungen sind etwas Lebendiges. Viele Kinder interessieren sich heute vor allem für »Netzbeziehungen im Internet«. Sie bauen ihre Beziehung zu anderen nur durch Facebook oder Twitter usw. auf. Aber das ist keine wirkliche Beziehung zwischen wirklichen Menschen. Es führt zur Verfälschung der Realität und zur Illusion von Beziehung. Kinder sollten auch im direkten Miteinander lernen, wie sie mit Konflikten umgehen. Viele »Helikoptereltern« schützen ihre Kinder vor Konflikten. Oder sie denken, dass ihre Kinder immer recht haben. Solches Verhalten schadet den Kindern. Miteinander können die Kinder nur in Gruppen lernen. Deswegen sollten die Kinder an verschiedenen Gruppen teilnehmen, oder sich in der ehrenamtlichen Arbeit engagieren. Auch ein anderer Aspekt ist in diesem Zusammenhan gwichtig: Kinder sollten das Leben von verschiedenen gesellschaftlichen Schichten kennen lernen. Bei uns gibt es viele »Elite-Eltern« oder »intellektuelle Eltern«, die ihre Kinder unbedingt auf »Elite-Schulen« schicken wollen, damit ihre Kinder nur mit einer bestimmten sozialen Schicht Umgang haben. Die Folge: Die Beziehungsfähigkeit der Kinder wird eingeschränkt. Ihre Beziehungen werden »steril«. Wenn Kinder Entbehrungen ausklammern und keine Leiden und Schmerzen im Leben kennen, dann werden sie auch keine »Barmherzigkeit« lernen können. Sie werden egoistischer und kälter werden.

* * *

Anselm Grün: Du hast zwei Kinder. Wie erziehst du sie auf das Ziel »Beziehung« hin? Wie ist die Beziehung zu den anderen in deiner Großfamilie?

Hsin-Ju Wu: In Taiwan sagen wir: Beim Heiraten geht es nicht nur um Braut und Bräutigam, sondern um zwei Familien, die miteinander in Beziehung treten. Das zeigt, wie Beziehung von Anfang an in einem größeren Zusammenhang, über die Kleinfamilie hinaus, gedacht wird. In meiner Familie ist es mir wichtig, dass meine Kinder zu ihren Großeltern in einer guten Beziehung stehen. Meine Schwiegereltern wohnen unter uns, in einer separaten Wohnung. Meine Kinder sind glücklich, Opa und Oma in der Nähe zu haben. Sie lernen so den Wert der verschiedenen Generationen zu schätzen und mit verschiedenen Generationen umzugehen. Das hilft ihnen später in ihrem Leben. Sie werden mit dieser Erfahrung im Hintergrund auch in ihrem beruflichen Leben immer auf die Beziehungen achten. Dabei geht es mir um reale Beziehung. Die rein virtuelle Beziehung im Internet oder über Facebook kann solche gelebte »richtige« Beziehung nicht ersetzen.

3. Erziehung mit Werten

Im Westen: griechische und christliche Werte

Die Erziehung braucht Werte. Dabei ist es wichtig, dass die Eltern selbst diese Werte vorleben oder sich zumindest darum bemühen. Erziehung ist zugleich Vermittlung der Werte. So haben es die griechischen Philosophen verstanden. Werte formen die Kinder. Werte machen die Kinder wertvoll. Werte schützen ihre Würde. Und Werte werden zu einer Quelle, aus der die Kinder schöpfen können. Sie geben ihnen Kraft, ihr Leben zu meistern. Werte sind die Bedingung, dass das Leben gelingt. Werte können nicht allein theoretisch vermittelt werden, sondern indem sie sich in das Kind »einbilden« können.

Werte beeinflussen unsere Gedanken und bestimmen sogar das Leben eines Kindes, wie es sein sollte. Besonders in einer pluralistischen Gesellschaft und einer modernen Medienwelt sind die Kinder sehr leicht von außen geprägt. Eine Gesellschaft, die sich allein von der Leistung oder vom Erfolg her definiert, ist werte-los. Daher ist es wichtig, dass wir den Kindern Werte vermitteln. Konfuzius hat gesagt: Jeder Mensch ist von Geburt an mit einem ähnlichen Wesen ausgestattet. Den Unterschied machen die durch Erziehung entstandenen Haltungen und Gewohnheiten aus. Technische Fähigkeiten kann man später immer noch lernen. Doch entscheidend ist die Grundlage der Erziehung. Und da sollten Werte so früh wie möglich gelebt werden. Werte geben den Kindern Sicherheit, Klarheit, Orientierung, Kraft und Gesundheit. Und Werte vermitteln ihnen, dass sie selbst wertvoll sind.

Wir möchten die vier Grundwerte der griechischen Philosophie und die drei christlichen Werte auf die Erziehung hin anschauen.

Da ist der Wert der *Gerechtigkeit*. Alle Eltern versuchen, die Kinder gerecht zu erziehen, jedem einzelnen gerecht zu werden. Aber trotzdem nehmen die Kinder oft wahr, dass ihnen der Bruder oder die Schwester vorgezogen wird, dass sie nicht die gleiche Aufmerksamkeit und Behandlung erfahren. Nur wenn die Eltern versuchen, gerecht zu sein, werden Kinder ein Gespür für Gerechtigkeit bekommen. Durch Predigen allein lernen sie nicht, was Gerechtigkeit wirklich bedeutet. Gerechtigkeit heißt auch Teilen dessen, was ich habe. Wer diese Form sozialer Gerechtigkeit nicht lernt, wird unbarmherzig anderen gegenüber.

Tapferkeit ist ein Wert, der heute Kindern selten vermittelt wird. Aber Tapferkeit – oder Zivilcourage – meint, dass ich Verantwortung für mein Leben übernehme. Ich kann nicht immer im Nest meiner Mutter bleiben und als Zuschauer durch das Leben gehen. Ich muss den Kampf des Lebens selbst auf mich nehmen. Und bei diesem Kampf werde ich auch verletzt und kritisiert. Es gibt kein Leben ohne Verletzungen. Wer aus Angst vor Verletzungen immer im Nest sitzen bleibt, an dem geht das Leben vorüber. Daher ist es wichtig, Kinder den richtigen Umgang mit Verletzung und Kritik zu lehren.

Das rechte Maß ist sicher gerade in unserer Überflussgesellschaft ein wichtiger Wert. Das richtige Maß bezieht sich nicht nur auf den Konsum. Zum Maß gehört immer auch der Verzicht. Es gibt Zeiten des Genießens und Zeiten des Verzichtens. Ich kann nicht ständig essen, wenn ich Hunger habe. Auch da braucht es einen guten Rhythmus. Zum Maß gehört aber auch, dass ich angemessene Bilder von mir entwickle. Die Medien halten uns maßlose Bilder vor Augen: Bilder des Superstars, Bilder von Menschen, die alles besitzen, die immer Erfolg haben, die von allen bewundert werden. Solche Bilder tun den Kindern nicht gut. Und das Maß gilt auch für die Eltern. Amy Chua war maßlos in ihrem Ehrgeiz, aus ihren Töchtern weltbekannte Musikerinnen zu machen. Ihr Einsatz für die Kinder war lobenswert. Die Kinder haben gespürt, dass die Mutter das Beste für sie will. Aber sie hat selbst das Maß gesetzt, ohne zu spüren, was das Maß ihrer Kinder ist.

Und zur Erziehung gehört die *Klugheit*. Klugheit ist die Befähigung, gute Entscheidungen zu treffen. In der

Kindheit treffen die Eltern die Entscheidungen für die Kinder. Aber je klarer die Entscheidungen sind, desto eher lernen die Kinder, sich dann später selbst zu entscheiden. Und vor allem geht es darum, sich für das Leben zu entscheiden. Entscheidung heißt immer auch Begrenzung. Kinder wollen oft alles zugleich. Eine Entscheidung für etwas ist immer auch eine Entscheidung gegen etwas. Und das, wogegen ich mich entschieden habe, muss ich loslassen und mich davon verabschieden. Das ist oft schmerzlich. Kinder wollen oft Stars werden in ihrem Beruf und zugleich wollen sie kein Vergnügen auslassen. Wer etwas erreichen will, muss sich für ein strenges Übungsprogramm entscheiden und gegen ein lockeres Probieren.

Im Christentum kennen wir noch die drei Werte: *Glaube, Hoffnung, Liebe.* Auch sie sind in der Erziehung wichtig.

Zunächst der *Glaube*: Die Eltern sollen an ihre Kinder glauben, an den guten Kern in ihnen glauben. Nur dann lernen die Kinder, an sich selbst zu glauben. Und Glauben bedeutet: sich getragen fühlen von Gott, darauf zu vertrauen, dass Gott mein Leben segnet und das segnet, was ich in die Hand nehme. Und Glaube drückt sich aus im Vertrauen, das die Eltern in die Kinder setzen. In einer Atmosphäre des Vertrauens können die Kinder aufblühen. Wenn wir den Kindern Vertrauen schenken, dann haben wir als Eltern keine Angst vor der Auseinandersetzung mit den Kindern. Wir dürfen mit ihnen streiten und ringen, und sie sogar »gerecht« bestrafen, ohne Angst davor zu haben, sie zu verlieren. Viele Eltern haben Angst, die Liebe der Kinder zu verlieren. Deshalb werden sie oft »weich«. Doch dann verlieren die Kinder die Stütze, an der sie sich festhalten und das Gegenüber, an dem sie sich reiben können.

Zum Glauben gehört die *Hoffnung*. Hoffnung ist etwas anderes als Erwartung. Hoffen heißt immer: Ich hoffe für dich und auf dich. Und wir hoffen auf das, was wir nicht sehen. Es ist wichtig, dass die Eltern ihre Kinder mit Hoffnung erziehen, dass sie auf das hoffen, was sie noch nicht in ihnen sehen. Und die Eltern sollen die Kinder zur Hoffnung erziehen. Sie sollen mit Hoffnung durch das Leben gehen. Hoffnung meint, dass das Leben gelingt, dass es noch besser werden kann, dass es sich lohnt, die Zukunft zu gestalten, trotz aller Dunkelheit und Schwierigkeit. Hoffnung meint letztlich immer Hoffnung auf Glück, auf Liebe, auf Gelingen, auf Gemeinschaft, auf Heimat. Wenn Kinder von dieser Hoffnung geprägt sind, werden sie gut ins Leben hinausgehen. Sie werden dann besser mit Misserfolgen umgehen und die Verzweiflung überwinden. Und sie werden auch um sich herum Hoffnung verbreiten.

Liebe ist schließlich der entscheidende Wert, den die Eltern den Kindern vorleben und den sie ihnen vermitteln sollen. Die Eltern lieben von sich aus ihre Kinder. Das liegt einfach in der Natur der Eltern. Aber diese Liebe wird immer wieder auch gestört durch Konflikte und Enttäuschungen. Und sie wird oft getrübt durch Nebenabsichten, wie den anderen an sich zu binden und ihn zu besitzen. Daher braucht es immer wieder die innere Erneuerung der Liebe. Ich muss meine Liebe reinigen von all den Trübungen, die die Liebe verdunkeln. Das ist eine spirituelle Herausforderung für die Eltern. Die Liebe bedeutet aber auch, dass ich den Kindern etwas zutraue.

Liebe verlangt auch Disziplin. Ohne Liebe würde die Disziplin nur zu einem Unterdrücken.

Noch einmal zurück zu dem eingangs erwähnten Buch der »Tigermutter«: Amy Chua hat ihre Töchter sicherlich geliebt. Und weil sie sie geliebt hat, hat sie mit ihnen gekämpft. Doch die Liebe muss immer auch gereinigt werden von anderen Motiven, etwa vom Motiv des Ehrgeizes, vom Motiv, durch meine Liebe Anerkennung und Dankbarkeit zu bekommen. Und die Eltern sollen die Kinder auf die Liebe hin erziehen. Die Liebe wird ständig eingeübt im Miteinander der Geschwister. Dabei heißt Liebe nicht: immer nachgeben. Kinder lieben oft von sich aus ihre Geschwister. Doch dann wird die Liebe oft getrübt durch ungerechte Behandlung durch die Eltern oder durch Verletzungen durch den Bruder oder die Schwester. Leider erlebe ich in letzter Zeit oft, dass Geschwister als Erwachsene bittere Feinde geworden sind. Da ist oft schon in der Erziehung etwas schiefgelaufen. Geschwister, die auch nach dem Tod der Eltern noch zusammenhalten, sind ein Segen für die ganze Familie. Geschwister, die sich gegenseitig befehden, fühlen sich oft allein gelassen. Sie haben ihre Familie verloren und damit eine wichtige Wurzel für ihr Leben.

Hsin-Ju Wu: Als Mutter kann ich nicht sagen, dass ich keine Erwartungen an meine Kinder hätte. Das wäre unrealistisch. Aber für mich ist es wichtig, dass ich meine Erwartungen an die Kinder mit ihnen auf vernünftige und ehrliche Weise bespreche. Wenn ich meine Erwartungen mit den Kindern bespreche, dann wächst in den Kindern die Zuversicht und das Selbstwertgefühl. Dass ich über meine Erwartungen spreche, zeigt, dass ich ihnen etwas zutraue. Ich muss freilich darauf achten, dass ich nicht meine Erwartungen den Kindern überstülpe, dass ich von den Kindern nicht erwarte, dass sie meine eigenen unerfüllten Wünsche leben. In diesem Fall würden meine Erwartungen die Kinder erdrücken. Und es geht darum, die Erwartung in Hoffnung zu verwandeln. Die Verwandlung der Erwartung in Hoffnung gelingt nur dann, wenn die Kinder im Gespräch mit mir ihre eigenen Erwartungen an sich entdecken können. Dann hoffen wir gemeinsam, dass die Kinder das erreichen, was sie sich als Ziel gestellt haben. Meine Aufgabe als Mutter ist dann, in ihnen immer wieder die Hoffnung auf das Gelingen zu stärken.

Im Osten: Barmherzigkeit und Gerechtigkeit

Alle chinesischen Weisheitslehrer haben die Werte im Leben und in der Erziehung betont. Dabei stellt der Konfuzianismus vor allem die beiden Werte der Gerechtigkeit und Barmherzigkeit in den Mittelpunkt. Damit verbindet die chinesische Weisheit gleichsam die griechischen und christlichen Werte miteinander. Denn die Gerechtigkeit ist für Platon der Grundwert, der alle anderen Werte nach sich zieht. Und die Barmherzigkeit ist für die Bibel die Zusammenfassung der christlichen Botschaft. Jesus sagt im Lukasevangelium: »Seid barmherzig, wie euer himmlischer Vater barmherzig ist.« (Lk 6,36) Die Begründung der Barmherzigkeit ist jedoch im Christentum und bei Konfuzius verschieden. Jesus fordert uns auf, barmherzig zu sein, weil Gott barmherzig ist und wir durch unsere

Barmherzigkeit teilhaben an der Gesinnung Gottes und Jesu. Konfuzius dagegen begründet die Barmherzigkeit mit dem Wesen des Menschen. Wer nicht barmherzig ist, ist kein Mensch. Die Barmherzigkeit gehört zum Wesen des Menschen und macht den Menschen zum Menschen.

Erziehung sollte die Barmherzigkeit im Menschen aufwecken, die oft in seinem Wesen verborgen schlummert. Doch nur wenn die Eltern selbst die Barmherzigkeit in sich verwirklicht haben, können sie ihre Kinder zu barmherzigen Menschen erziehen. Die Eltern sollten in dieser Hinsicht ein Vorbild für die Kinder sein.

Die Gerechtigkeit versteht Konfuzius etwas anders als Platon. Gerechtigkeit bezieht sich in der chinesischen Kultur vor allem darauf, andere Leute gerecht zu behandeln und dem Staat oder dem Kaiser gegenüber gerecht und treu zu sein. Es handelt sich weniger um soziale Gerechtigkeit oder um den richtigen Umgang mit mir selbst. Doch nur wenn ich mit mir selbst gerecht umgehe, meinen eigenen Bedürfnissen und meinem Wesen gerecht werde, werde ich auch anderen gegenüber Gerechtigkeit walten lassen. Hier könnten sich Platon und Konfuzius ergänzen. In Hinsicht auf Erziehung heißt Gerechtigkeit für Konfuzius, dass die Eltern ihre Kinder gerecht erziehen und jedem einzelnen in seinem Wesen gerecht werden. Zur Gerechtigkeit gehören aber für Konfuzius auch noch Werte wie Weisheit und Tapferkeit. Für Konfuzius gilt: Ein weiser Mensch zweifelt nicht, ein barmherziger Mensch hat keine Sorgen und ein tapferer Mensch hat keine Angst.

4. Bildung, Bilder und Vorbilder

Wir sprechen im Deutschen von Erziehung und Bildung und unterscheiden beides auch. Unter Bildung verstehen wir oft die schulische Ausbildung. Doch vom Ursprung her hat Bildung etwas mit Erziehung zu tun. Wir helfen dem Kind, das einmalige Bild in sich zu entdecken, das Gott sich von ihm gemacht hat. Platon meinte, dass die Bildung darin bestehe, sich die göttlichen Ideen ein-zu-bilden. Dann würde der Mensch seinem Wesen immer mehr gerecht.

Die griechischen Kirchenväter haben diesen Gedanken aufgegriffen und ihn mit dem biblischen Vers aus der Schöpfungsgeschichte verbunden: »Dann sprach Gott: Lasst uns Menschen machen als unser Abbild, uns ähnlich.« (Gen 1,26) Jeder Mensch – so sagen die Kirchenväter – ist ein Bild Gottes, eine Ikone Gottes (griechisch: eikon). Und unsere Aufgabe ist es, diesem Bild immer ähnlicher zu werden. Die Eltern sollen dem Kind dabei helfen, diesem einmaligen Bild, als das Gott es geschaffen hat, immer mehr zu entsprechen. Dann wird es das eigene Potenzial entfalten und seinem eigenen Wesen gerecht werden. Es wird zu der Gestalt heranwachsen, die seinem Wesen entspricht.

Die Eltern helfen dem Kind bei der Bildung, indem sie ihm gute Bilder vor Augen führen. Das Kind braucht gute Bilder, damit es das eigene Bild in sich erkennt. Gute Bilder im Sinne solcher pädagogischer Wirksamkeit sind zunächst einmal die Eltern selbst. Man spricht von Vorbildern. Allerdings kann man sich nicht einfach selbst zum Vorbild erklären. Man wird nur ein Vorbild, wenn man selbst versucht, das eigene ursprüngliche Bild zu leben und dieses Bild immer mehr von allen Trübungen zu reinigen.

Andere gute Bilder sind etwa die Bilder der Bibel oder auch die Bilder der Märchen. Kinder lieben Geschichten und sie lieben Bilder. Sie schauen sich gerne kindliche Bilderbücher an. Indem sie auf die Bilder schauen, entdecken sie die verschiedenen Aspekte ihres eigenen Bildes.

Ich möchte nur ein paar spirituelle Bilder benennen, die dem Kind gut tun und ihm helfen, sein eigenes einmaliges Bild zu entdecken. Da ist einmal das Bild Jesu. Wenn Kinder sich mit diesem Bild beschäftigen, so wächst in ihnen das Gespür für das Geheimnis ihres Menschseins. Der Evangelist Lukas gilt als Maler. Er erzählt von Jesus in einer bildhaften Sprache. Er malt in Jesus das Bild eines wahrhaft gerechten Menschen, der die Sehnsucht der Griechen nach Gerechtigkeit erfüllt. Und Lukas beschreibt uns die Wirkung dieses Bildes: »Alle die zu diesem Schauspiel herbeigeströmt waren und sahen, was sich ereignet hatte, schlugen sich an die Brust und gingen betroffen (verwandelt) weg.« (Lk 23,48) Indem wir auf den gerechten Menschen schauen, der selbst am Kreuz noch seinen Mördern vergibt und sich von den Hassern nicht aus seiner Gerechtigkeit vertreiben lässt, kommen wir in Berührung mit dem Gerechten in uns. Im Schauen werden auch wir gerecht, richtig, aufgerichtet. Da werden wir unserem Wesen als Mensch gerecht, so wie Gott ihn erschaffen hat.

Lukas erzählt uns schöne Heilungsgeschichten. Wenn das Kind diese Heilungsgeschichten liest und die Bilder in der Kinderbibel anschaut, kann es ein Gespür für seine eigene Würde bekommen und in sich die Hoffnung fühlen, dass es heil und ganz durchs Leben gehen kann. Und es entdeckt dabei in sich die eigenen Möglichkeiten. Die Heilung des Aussätzigen gibt dem Kind das Vertrauen, dass es von Gott ganz und gar angenommen wird, auch wenn es sich selbst nicht in seiner Haut wohlfühlt. Die Heilung der gekrümmten Frau ermutigt das Kind, aufrecht durch das Leben zu gehen und die eigene Würde zu entdecken. In den Begegnungsgeschichten, die uns Lukas erzählt, entdeckt das Kind, was in ihm an Möglichkeiten und Fähigkeiten steckt. So erkennt es etwa in der Geschichte von Marta und Maria, dass beide Pole zu ihm gehören: die Fürsorge für andere im Handeln und das Hören auf das, was Gott in der eigenen Seele an Impulsen für das Leben gibt. Die Geschichten sind keine Aufforderung, genauso zu handeln. Indem das Kind die Geschichte liest und anschaut, kommt es in Berührung mit den Haltungen, die dort beschrieben werden.

Heilende Bilder sind für das Kind auch die Heiligen. Wenn es die Bilder von Maria in sich einbildet, entdeckt das Kind, was Glauben und Vertrauen bedeutet. Und es entdeckt das Mütterliche in sich. Es fühlt sich beim Anschauen von Marienbildern geborgen und angenommen. Im heiligen Nikolaus begegnet das Kind dem väterlichen Menschen, der dem Kind den Rücken stärkt und ihm hilft, das Leben selbst in die Hand zu nehmen. Wenn das Kind Bilder des Heiligen betrachtet, der sein Namenspatron ist, dann entdeckt es im Heiligen die eigenen Möglichkeiten. Der Heilige bringt das Kind in Berührung mit dem, was in ihm steckt. Wenn das Kind Peter (griechisch »der Fels«) heißt, spürt es etwas von der Stabilität und der

Kinder führen

Sicherheit des Felsen, auf dem es steht. Katharina erkennt etwas von der inneren Klarheit und Weisheit. Der Name ist wie ein Bild, das im Kind all die Möglichkeiten weckt, die in ihm stecken.

Die Bedeutung der Vorbilder in der chinesischen Erziehungslehre

In der chinesischen Erziehungslehre ist die Erziehung durch Vorbilder entscheidend. Die beste Erziehungsmethode ist, vom Verhalten der Erzieher zu lernen und das zu leben, was man die Erzieher vorleben sieht. Erziehung heißt nicht nur zu lehren, was gut ist, sondern wie man das Gute praktizieren kann. Es geht nicht nur um Wissen, sondern immer auch um Handlung. Wissen und Handeln müssen zusammengehen. Die Erzieher können den Kindern am wirksamsten zeigen, wie man das Gute durchsetzen kann, indem sie es selbst tun.

Die Kinder sollen sich nicht nur die Eltern als Vorbilder nehmen, sondern auch andere Kinder und Schüler oder aber Menschen, von denen sie hören und lesen. Es gibt ein chinesisches Sprichwort: Erziehen durch Handeln ist viel mehr als Erziehung mit Worten. Kinder sehen, was die Eltern tun, doch sie hören nicht, was die Eltern sagen. Als Vorbild in unserem Handeln helfen wir dem Kind, mit seinem eigenen Bild in Berührung zu kommen. Die chinesischen Erzieher sagen: Wenn ich einen guten Menschen sehe, bin ich motiviert so zu werden wie er. Daher braucht jede Gesellschaft Vorbilder.

* * *

Anselm Grün: Welche Bilder sind nach deiner Erfahrung in der Erziehung heilsam für die Kinder? Wie kann es angesichts der medialen Bilderflut unserer Zeit gelingen, ihr Interesse an biblischen oder an spirituellen Bildern zu wecken?

Hsin-Ju Wu: Zum Beispiel durch Geschichten. Ich habe meinen Kindern etwa immer gerne die Geschichte von einem taiwanesischen Geschäftsmann erzählt, der in Tokyo einen Nudelladen hat und dort viele Jungen mit zerebraler Kinderlähmung anstellt. Als man ihn fragte, warum er das tue, antwortete er, er tue nichts Besonderes, er wolle nur die Bilder dieser Kinder wieder reinigen, sie sauber machen, damit das ursprüngliche Bild Gottes in seiner Schönheit wieder aufstrahlen kann. Das ursprünglich schöne Bild Gottes in ihnen wurde von Menschen verschmutzt. Er behandelt diese Jungen also so, dass die ursprüngliche Schönheit in ihnen wieder aufstrahlen und glänzen könne. Das ist für mich ein schönes Bild von Erziehung. Und ich spüre, dass dieses Bild meine Kinder anspricht, weil sie bei dieser Geschichte ihre eigene Würde spüren. Bildung heißt auch für mich als Mutter, dass ich an die ursprüngliche Schönheit in meinen Kindern glaube. Diese Schönheit erkenne ich oft in ihren Augen. Und ich versuche, die Kinder so zu erziehen, dass diese Schönheit in ihnen sichtbar wird und für die Menschen aufstrahlt.

Das Problem ist heute, dass die Kinder von zu vielen Bildern überschüttet werden. Die vielen Bilder verdecken das einmalige Bild, das jedes Kind ist. Daher ist es wichtig, dass die Kinder nicht in der Bilderflut untergehen, sondern lernen, die Bilder zu betrachten, beim einzelnen

Bild zu bleiben, damit es sich einbildet. Die vielen Bilder bilden sich nicht ein, sie zerstreuen nur und hindern das Kind, seine eigene Mitte zu finden. Die Kunst der Erziehung besteht für mich als christliche Mutter darin, dass wir die biblischen Bilder von Jesus, dass wir die Heilungsgeschichten und Gleichnisse so erzählen und erklären, dass die Kinder sie verstehen.

Hsin-Ju Wu: Du verwendest in deinen Büchern und Vorträgen immer gerne Bilder. Hat das mit einer Besonderheit katholischer Erziehung zu tun? Hast du in deiner Kindheit wichtige Bilder erfahren oder verinnerlicht?

Anselm Grün: Sicher hat die katholische Tradition immer die Bilder geschätzt. Die Liturgie ist voll von Bildern. Und ich erinnere mich etwa gerne an die Bilder der Krippe. Die Krippe an Weihnachten aufzustellen, war für uns ganz wichtig. Oder ich erinnere mich an die Bilder der Maiandacht. Da war nicht nur das schöne Marienbild, sondern auch das Bild des Kirchenschmucks mit jungen Birken und vielen Blumen. Mein Vater hat uns gelehrt, die Bilder anzuschauen, die uns in der Natur und in der Kirche entgegentraten.

Hsin-Ju Wu: Heutzutage erleben die Kinder in den Medien mehr Bilder als Worte. Die Lesefähigkeit geht zurück. Wie denkst Du als Autor darüber, dass die Bilder in den Medien die Worte verdrängt haben?

Anselm Grün: Nur Bilder allein sind auch eine Gefahr für die Menschen. Vor allem wenn es viele Bilder sind, dann ziehen sie an einem vorüber. Man lernt dann nicht, zu denken und die Gedanken in Worte zu fassen, danach zu fragen, was wirklich zuverlässig ist. Und Bilder können manipulieren. Ich erlebe es bei vielen Jugendlichen. Wir haben früher hitzig diskutiert über Fragen des Glaubens und der Politik. Heute erlebe ich viele Jugendliche eher als passiv. Bilder verleiten eher zum Konsumieren als dazu, nachzudenken und mit anderen über bestimmte Probleme zu sprechen. Auch das Lesen vermittelt natürlich Bilder. Aber es lässt uns viel mehr Raum zum Denken. Lesen hat viel mehr mit innerer aktiver Freiheit zu tun, als wenn man sich einen Film anschaut.

Hsin-Ju Wu: Ich bin als Mutter auch deswegen sehr dagegen, bei kleinen Kindern schon die Vielfalt multimedialer Lernmethoden einzusetzen. Manche Eltern benutzen solche multimedialen Darstellungsformen und Techniken für das Lernen und Spielen der Kinder, schon bevor sie 5 Jahre alt sind. Die Bilder wechseln dabei sehr schnell und die Kinder lernen damit eher in passiver Weise. Sie reagieren passiv auf »eindringende« Bilder und lernen nicht aktiv. Lesen ist dagegen aktives Lernen und zudem phantasieanregender. Außerdem werden Kinder durch den zu starken Gebrauch technischer Medien fauler im Denken. Wenn die kleinen Kinder zu früh mit Hilfe dieser Medienvielfalt lernen, dann wollen sie meistens nicht mehr gerne lesen, weil sie ständig visuelle und auditive Erregungen brauchen. Sie können »langweilige Worte« nicht aushalten. Sie haben weniger Zeit und Raum für das Nachdenken und das Einüben der Sprachfähigkeit. Beim Lesen werden mehr Nerven im Gehirn erregt als bei den multimedialen Impulsen. Ich nenne als Beispiel das Verhalten meiner Kinder: Beim Lesen können sie auch immer andere Bücher gleichzeitig bzw. parallel nachschlagen. Lesen motiviert sie, selber einen Text zu schreiben. Das Lesen fördert zudem die Fähigkeit zur Auseinandersetzung und zur Ruhe. Eltern müssen sich daher konsequent mit der Multimediengesellschaft auseinandersetzen und sich von deren negativen Auswirkungen abgrenzen, damit ihre Kinder aktives Denken und die Fähigkeit zur Stille und zur Konzentration lernen. Das ist eine neue Herausforderung für die Eltern.

II.

WAS BIBLISCHE BILDER
VON ERZIEHUNG SAGEN

Wir möchten im Folgenden einige biblische Geschichten anschauen und sie als Bilder dafür nehmen, wie Erziehung gelingen kann. Dabei können wir diese Geschichten von der Seite der Eltern aus betrachten oder aber auch mit Kinderaugen. Eltern können an diesen Geschichten einiges für ihre Erziehungsaufgabe lernen. Geschichten sind keine moralischen Impulse. Sie vermitteln uns kein schlechtes Gewissen. Sie zeigen uns vielmehr Möglichkeiten auf, die in uns stecken. Sie machen uns Mut, uns selbst in der Geschichte wiederzufinden und neue Möglichkeiten unseres Verhaltens und unserer Haltungen einzuüben, die wir für die Erziehung der Kinder brauchen. Und manche Geschichten zeigen uns auch auf, welche Möglichkeiten in den Kindern stecken und wie wir sie mit neuen Augen betrachten können. Dabei möchten wir die Geschichten nicht in ihrer ganzen Bedeutung auslegen, sondern nur im Blick auf die Erziehung.

1. Einfach da sein bei den Kindern

Die bekannte biblische Geschichte von Martha und Maria zeigt uns auf der bildhaften Ebene: Martha und Maria sind zwei Seiten in uns. Jede Mutter und jeder Vater hat eine Martha und eine Maria in sich. Die Martha in uns kümmert sich um alles und sorgt für die Kinder. Sie organisiert für die Kinder die Fahrten in die Schule, zu den besonderen Veranstaltungen wie Musikunterricht oder Reiten oder Ballett. Sie kauft für die Kinder ein. Sie überlegt, was sie für ihre Gesundheit brauchen. Und sie macht sich viele Sorgen um die Zukunft der Kinder. Sie möchte, dass die Kinder es gut haben, dass sie gute Chancen haben, durch ihre Ausbildung erfolgreich im Leben zu sein. Doch vor lauter Sorgen und Organisieren vergessen wir oft die Maria in uns. Maria setzt sich zu Füßen Jesu und hört ihm einfach zu. Bevor wir für die Kinder alles organisieren, sollten wir uns immer wieder Zeit nehmen, auf die Kinder zu hören. Was sind ihre wirklichen Bedürfnisse? Was brauchen sie wirklich? Und was ist das Geheimnis dieses Kindes? Wir meinen oft, zu wissen, was die Kinder brauchen. Wir tun dann so wie Martha, die meint, sie würde die Bedürfnisse ihrer Gäste genau kennen. Sie setzt Jesus und seinen Jüngern etwas zum Essen und Trinken vor. Sie möchte sie verwöhnen. Aber Jesus hat nicht das Bedürfnis, sich satt zu essen. Er möchte seine Botschaft verkünden und gehört werden. So möchten die Kinder auch in erster Linie gehört werden. Manchmal haben die Kinder den Eindruck, man würde sie einem Erziehungsprogramm unterziehen. Die Frage ist, wem dieses Erziehungsprogramm wirklich dient: dem

Ehrgeiz der Eltern, die beweisen wollen, dass ihren Kindern alle Möglichkeiten der Ausbildung offenstehen? Oder der inneren Beruhigung der Eltern, dass sie auch genügend für ihre Kinder tun? Manchmal ist der Aktivismus, den manche Eltern an den Tag legen, nur eine Beruhigung des schlechten Gewissens, das die Eltern plagt, weil sie zu wenig Zeit für ihre Kinder haben.

Martha macht Jesus Vorwürfe, dass er sich die Zeit nimmt, mit Maria zu sprechen. Man merkt ihren Unwillen. Sie dient Jesus. Aber zugleich ist sie aggressiv, dass ihre Schwester ihr nicht dabei hilft. Diesen Unwillen erleben auch Eltern, die alles für ihre Kinder tun. Aber sie erfahren keine Dankbarkeit. Denn die Kinder haben ganz andere Bedürfnisse als das, was die Eltern für sie tun. Wenn ich blind bin in meinem Aktivismus, dann werde ich leicht bitter wie Martha. Denn meine Anstrengung für die anderen wird nicht gesehen. Dann merke ich, dass meine Anstrengung nicht ganz uneigennützig war. Ich wollte auch gesehen werden. Ich habe gegeben, weil ich selber brauche. Ich gebe alles für die Kinder, damit sie mich auch lieben. Doch wenn ich gebe, weil ich brauche, komme ich immer zu kurz. Ich brauche den Mut von Maria, mir das zu nehmen, was ich selber brauche. Dann kann ich auch wieder besser geben.

Das biblische Bild der Maria will uns dazu ermutigen, bei unseren Kindern zu sein. Es braucht zuerst einmal Zeit, bei ihnen zu sein. So sitzt Maria einfach zu Füßen Jesu und hört zu. Sie fragt Jesus nicht aus. Sie wartet auf das, was er sagt. So sollen die Eltern die Kinder nicht ständig fragen, was sie wünschen und brauchen. Denn Kinder lassen sich nicht so leicht drängen. Die Eltern müssen sich mit ihnen auf den Boden setzen, um auf gleicher Augenhöhe mit ihnen zu sein, mit ihnen zu spielen. Dann werden sie erfahren, was die Kinder wirklich bewegt. Beim zweckfreien Spiel werden die Kinder dann oft genug sagen, was ihre Bedürfnisse sind.

Die Martha in uns ist häufig lauter als die Maria. Im Habitus der Martha können wir etwas vorweisen. Wir tun ja so viel für unsere Kinder. Das können wir allen anderen auch beweisen. Und die Martha in uns macht der Maria in uns oft ein schlechtes Gewissen: »Einfach nur bei den Kindern zu sein ist Zeitverschwendung. Es gibt Wichtigeres zu tun. Wir sollten dafür sorgen, dass die Kinder gefördert werden und die beste Ausbildung erhalten.« Jesus tritt für die Maria in uns ein. Die Maria in uns, das ist die leise Stimme, die uns sagt: Mein Kind braucht vor allem mich selbst. Es braucht meine Gegenwart, meine Zuwendung, mein Hinhorchen. Das Kind will erzählen. Oft kommen die Kinder von der Schule heim und möchten einfach nur erzählen, was sie erlebt haben. Aber für manche Eltern ist das Zeitverschwendung. Es geschieht in der Schule ja nicht jeden Tag etwas Weltbewegendes. Aber trotzdem ist für die Kinder wichtig, was sie gerade erlebt haben. Sie möchten es loswerden. Sie möchten nicht ausgefragt werden, sondern einfach erzählen, wenn ihnen danach zumute ist. Und wenn sie keine Lust haben, zu erzählen, dann möchten sie auch in Ruhe gelassen werden. Die Maria in uns hat ein Gespür für das, was das Kind gerade braucht.

Wir brauchen Jesus als den, der der Maria in uns Recht gibt. Denn wir haben in uns eine innere Stimme, die uns ständig antreibt, etwas zu tun. Mir erzählen immer wieder Menschen davon, dass ihre Eltern es nicht aushalten konnten, wenn sie spielten. Für sie war das vertrödelte Zeit. Weil die Eltern sich selber ständig angetrieben haben, haben sie auch die Kinder ständig angehalten, etwas zu tun. Da war die Martha lauter in ihnen als die Maria. Das eigene Über-Ich hat sie angetrieben, immer etwas zu leisten. Maria hat die innere Freiheit. Sie muss nichts leisten. Sie sitzt einfach nur da und hört Jesus zu. Diese Gelassenheit und diese innere Freiheit täten den Eltern gut und auch den Kindern.

* * *

Anselm Grün: Was fällt dir zu dieser Geschichte von Martha und Maria ein, wenn du an dich und deine Familie und vor allem an die Erziehung deiner Kinder denkst?

Hsin-Ju Wu: Die Eltern sind tatsächlich meistens in der Position der Martha. Sie sorgen viel für ihre Kinder, aber sie hören weniger auf das, was und wie diese sind. Doch wenn die Eltern zu sehr »Martha« sind, dann machen sie ihre Kinder nur zu einem Gegenpol. Dann bekommen die Kinder keine Motivation, selbst zu handeln. Sie kreisen nur narzisstisch um sich. Wenn die Eltern ihre »Maria-Seite« vernachlässigen, werden sie auch nur auf die »Martha-Seite« der Kinder schauen. Dann sind für sie nur Leistungen, Fähigkeiten und Aktivitäten wichtig. Sie vergessen dann die andere Seite ihrer Kindern zu entwickeln: die Fähigkeit, still zu werden, auf das zu hören, was Gott ihnen sagen möchte. Für mich ist die Mahnung Jesu an Martha wichtig geworden. Die Konsequenz: Ich will nicht alle Zeitlücken der Kinder mit Lernen und Leistung, mit Unterrichten und Aktivitäten füllen. Gerade wir Eltern in Ostsien lassen den Kindern oft keine Zeit, die Freizeit zu genießen. Wir sollen die Kinder lehren, selbst zu entscheiden, was für sie das »Eine Notwendige« ist.

2. Kindern nicht vorenthalten, was sie brauchen

Auch die Geschichte der Brotvermehrung lässt sich auf unser Thema hin lesen. Sie war den Evangelisten so wichtig, dass wir in den vier Evangelien sechsmal von der Brotvermehrung hören. Die Brotvermehrung verweist auf die Eucharistie hin, aber auch auf das Geheimnis Jesu und das Geheimnis der Kirche. Wir möchten diese Geschichten im Folgenden nur anschauen im Blick auf die Erziehungsaufgabe der Eltern.

Wie die Jünger haben die Eltern oft den Eindruck, dass sie zu wenige Fähigkeiten haben, um den inneren Hunger ihrer Kinder zu stillen. Die Jünger drängen Jesus, er solle die Leute wegschicken, damit sie sich in den umliegenden Dörfern etwas zu essen kaufen. Manche Eltern haben den Eindruck, dass sie Fachleute brauchen, die ihre Kinder erziehen. Sie erwarten alles von Erzieherinnen oder Lehrern. Doch Jesus sagt zu den Jüngern: »Gebt ihr ihnen zu essen!« (Mk 6,37) Das ist auch die Mahnung und zugleich die Ermutigung an die Eltern. Sie sollen den Kindern geben, was sie haben. Sie sollen nicht jammern, dass sie zu wenige Fähigkeiten zur Erziehung haben, dass sie selbst an den Verletzungen ihrer Kindheit leiden, dass sie keine Erfahrung mit Kindern haben, dass sie zu wenig von ihrer Psyche verstehen. Jesus fordert die Eltern auf, das zu geben, was sie haben. Das wird die Kinder nähren. Es muss nur von Herzen kommen und aus dem Vertrauen heraus, dass es für die Kinder reicht.

Als die Jünger darauf hinweisen, dass es mindestens den Betrag von 200 Denaren kosten würde, die Leute zu nähren, antwortet ihnen Jesus: »Wie viele Brote habt ihr? Geht und seht nach!« (Mk 6,38) So fordert Jesus auch die Eltern auf, nachzusehen, wie viel sie in sich an Fähigkeiten haben. Sie waren selber einmal Kinder. Das ist auch eine Begabung. Sie haben ein Gespür für das, was die Kinder brauchen. Sie haben einen gesunden Menschenverstand. Jesus lädt uns ein, bei uns zu entdecken, was Gott uns schon gegeben hat, um eine gute Mutter und ein guter Vater zu sein. Manchmal kommt es uns vielleicht auch zu wenig vor. Nur fünf Brote und zwei Fische. Was ist das für so viele? Was ist das für die Kindererziehung? Die fünf Brote stehen dabei für das, was die Kinder wahrhaft nährt. Und die zwei Fische stehen für das »Zubrot« – so heißen die Fische manchmal im Griechischen –, für das, was ihr Leben bereichert, was ihrem Leben Geschmack und Glanz verleiht.

Noch ein anderer Aspekt ist an dieser Geschichte wichtig: Jesus strukturiert die Menschenmenge. Sie sollen sich in Gruppen zu hundert und zu fünfzig zusammensetzen. Das ist ein Bild für unsere Kindererziehung. Die Kinder brauchen Struktur und Klarheit. Dann haben sie weniger Bedürfnisse. Dann können sie sich von den wenigen Broten und Fischen nähren. Und noch etwas ist wichtig: Jesus blickt zum Himmel auf. Es ist immer ein Wunder, wenn die Erziehung gelingt. Es braucht den Segen Gottes. Von Jesus werden hier vier Verben gebraucht, die in jeder Eucharistiefeier wiederholt werden. Henri Nouwen, der holländische Theologe und Psychologe, hat bei der Einweihung des Recollectiohauses im Jahre 1991 diese vier Worte als Bilder für unser Menschsein gedeutet und auch in einem seiner Bücher beschrieben. Wir möchten sie als Bild für die Kindererziehung deuten.

Jesus nimmt das Brot. Die Kinder nehmen die Liebe der Eltern. Und die Eltern nehmen die Kinder an. Indem die Kinder die Liebe der Eltern und auch die Liebe Gottes nehmen, werden sie fähig, sich selber anzunehmen. Am Beginn des Lebens steht das Nehmen. Die Kinder müssen viel nehmen, bevor sie dann später geben können.

Das zweite Wort: *Jesus segnet das Brot.* Jesus hat auch die Kinder immer wieder gesegnet. Markus schildert uns, wie Jesus die Kinder segnet: »Er nahm die Kinder in seine Arme, dann legte er ihnen die Hände auf und segnete sie.« (Mk 10,16) Der Segen drückt sich also in drei Gebärden aus. Die erste Gebärde ist die Umarmung. Kinder wollen immer wieder umarmt werden, damit sie sich geborgen fühlen, damit sie die Liebe der Eltern auch spüren. Jesus legt den Kindern die Hände auf. Diese Segensgebärde ist eine Schutzgebärde. Viele Eltern segnen die Kinder, bevor sie in den Kindergarten oder in die Schule gehen. Sie legen ihnen die Hand auf den Kopf und sagen ein kurzes Segensgebet. Und sie segnen das Kind am Abend. Wenn das Kind im Bett liegt, ist es eine wohltuende Schutzgebärde, wenn der Vater oder die Mutter ihre Hand auf den Kopf des Kindes legt, zuerst schweigend und dann mit einem guten Wunsch oder einem Segensgebet. Eine Frau erzählte, dass sie heute noch die warme Hand ihres Vaters auf ihrem Kopf spürt. Diese warme Hand war für sie als Kind der Inbegriff von Zuwendung und Schutz, von Liebe und Geborgenheit. Die dritte Weise des Segens sind die Worte. Im Griechischen heißt »segnen« (eulogein) gute Worte sagen, gut vom Menschen und über ihn sprechen. Das Kind sehnt sich nach dem Segen der Eltern. Es sehnt sich danach, gute Worte von den Eltern zu hören. Eine Kindergärtnerin erzählte, dass sie oft erschrickt, wie viele Kinder »ungesegnet« in den Kindergarten kommen. Sie vermissen nicht nur die segnende Hand des Vaters oder der Mutter auf ihrem Kopf. Sie erfahren auch keine guten Worte. Vielmehr werden sie mit Fluchworten entlassen, etwa mit Worten wie: »Mach endlich schneller. Immer muss die ganze Familie auf dich warten. Jeden Morgen machst du uns den Stress. Du lernst es auch nie, pünktlich zu sein.« Wenn das Kind mit solchen Fluchworten in den Kindergarten entlassen wird, dann wird es sein Herz verschließen. Denn es hat Angst vor weiteren verletzenden Worten, die es von den Erzieherinnen oder von den anderen Kindern hören könnte. Es schützt sich, indem es sich taub stellt. Doch das versetzt es in eine tiefe Einsamkeit.

Der dritte Aspekt: *Jesus bricht das Brot.* Ob wir wollen oder nicht, wir erleben auch Brüche in unserem Leben. Schon das Kind erlebt, dass nicht alles hält. Es gibt einen Bruch, wenn das Kind die Grenzen des Vaters oder der Mutter erkennt. Es gibt einen Bruch, wenn der Großvater oder die Großmutter krank wird oder stirbt. Und es gibt Brüche, wenn eine Freundschaft im Kindergarten oder in der Schule zerbricht. Wir erfahren aber nicht nur Brüche. Es ist auch unsere Aufgabe, uns füreinander aufzubrechen. Das Aufbrechen ist die Bedingung, dass wir miteinander das teilen, was wir von Gott empfangen haben. Wir teilen das Brot. Es reicht für alle. Aber es braucht Mut, es zu brechen und mit anderen zu teilen. Wir haben alle in uns auch die Angst, zu kurz zu kommen oder nicht genug zu bekommen. Das Brechen des Brotes zerbricht auch diese Angst und führt uns zum Vertrauen, dass es für alle reicht.

Der vierte Aspekt: *Jesus gibt das Brot an die Jünger weiter und die verteilen es unter die Leute.* Zum Leben gehört auch, dass wir geben. Die Eltern sind vor allem die Gebenden. Aber manchmal fühlen sie sich überfordert, wenn sie immer geben. Sie haben den Eindruck, dass sie auch etwas nehmen müssen. Sie können nicht immer nur geben. Sie sollen den Mut haben, sich Zeit für sich selbst zu nehmen, es sich zu gönnen, sich auch eigene Bedürfnisse zu erfüllen. Wer nur gibt, der verausgabt sich. Wer nur nimmt, der verschluckt sich an dem, was er nimmt. Die Eltern können nur auf gute Weise den Kindern etwas geben, weil sie sich selbst als Kinder viel genommen haben und wenn sie sich auch jetzt als Erwachsene immer wieder etwas nehmen. Zur Erziehung der Kinder gehört, dass wir ihnen beide Verhaltensweisen beibringen: das Nehmen und das Geben. Sie dürfen dankbar nehmen, was ihnen die Eltern anbieten. Aber sie sollen das, was sie an Liebe erfahren haben, auch weitergeben. Sie sollen ihre Liebe mit anderen teilen. Ganz konkret wird das Geben, indem das Kind auch das Spielzeug mit den Geschwistern teilt. Das ist nicht so selbstverständlich. In jedem Kind ist auch die Tendenz, alles nur für sich zu behalten und über das eigene Spielzeug zu wachen, damit es ja niemand anderer nimmt und damit spielt. Doch es ist wichtig, dass die Kinder beides lernen: nehmen und geben. Und sie sollen wissen, dass sie gesegnet sind und dass das Leben sie immer wieder aufbrechen wird. Nur wer sich aufbrechen lässt, wird immer wieder in neue Möglichkeiten seines Lebens hinein aufbrechen.

Im Johannesevangelium wird bei der Brotvermehrung noch ein anderer Aspekt deutlich. Da sind es nicht die Jünger, die Brot und Fisch haben, sondern ein kleiner Junge. Er hat fünf Gerstenbrote und zwei Fische. Nicht nur die Erwachsenen haben etwas, das sie an die Kinder weitergeben. Auch die Kinder haben oft Gaben, die die ganze Familie nähren. Bei Johannes sind es fünf Gerstenbrote, das sind die Brote für den Alltag. Und das Kind hat zwei Fische. Die Kinder lassen sich auf den Alltag der Familie ein und befruchten ihn. Und sie haben etwas, was den alltäglichen Geschmack der Arbeit in einer Familie ergänzt, was dem Leben einen guten Geschmack schenkt. Die Eltern sind nicht immer nur die Gebenden, sondern auch die Empfangenden. Sie empfangen von den Kindern Lebendigkeit, Spontaneität, Frische, Liebe. So sollen die Eltern nicht immer nur auf das achten, was sie den Kindern geben sollen. Denn sonst würden sie sich schnell überfordert fühlen. Sie dürfen auch auf das schauen, was sie von den Kindern empfangen. Wenn das Kind aus dem Haus geht, dann spüren die Eltern oft, wie das Kind ein Segen für die Familie war, wie es die ganze Atmosphäre im Haus mit seinem Lachen und seinem Unbeschwertsein aufhellt und weitet.

Hsin-Ju Wu: Bei der Geschichte der Brotvermehrung ist mir folgender Aspekt wichtig: Gott hat uns ausgewählt, die Eltern gerade unserer Kinder zu sein. Wir dürfen vertrauen, dass wir zu unseren Kindern passen. Das Nehmen des Brotes ist ein beruhigendes Bild für uns als Eltern, dass wir nie überfordert sind von unserer Aufgabe als Eltern, weil Jesus uns in seine Hand genommen hat und uns genug Kraft schenken wird. Ich habe eine Freundin, die ein behindertes Kind hat. Sie fühlte sich am Anfang total überfordert. Doch dann erkannte sie, dass Gott seine Kraft gerade in ihrer Schwachheit erwies. Wenn wir das glauben, sind wir nicht mehr so belastet, auch wenn wir uns erschöpft fühlen. Wenn Jesus uns als Eltern unserer Kinder genommen hat, dann wird er mit uns auch die Verantwortung übernehmen. Viele Eltern wollen ständig beweisen, dass sie »gute Eltern« sind. Sie haben dauernd ein schlechtes Gewissen, weil sie meinen, dass sie ihre Kinder nicht richtig erziehen können. Dagegen ist meine Überzeugung: Jesus hat uns als Eltern genommen, nicht weil wir perfekt sind, sondern weil er mit uns gemeinsam arbeiten will. Wir dürfen schwach und mangelhaft sein, damit die Kraft Christi auf uns herabkommt. Nur wenn wir uns befreien vom Perfektionismus, können wir die Erziehungsaufgabe auch wirklich genießen. Unsere Kinder merken, ob wir unsere Aufgabe genießen oder ob wir darunter leiden oder davon unter Druck gesetzt sind. Wenn wir als Eltern immer unter Druck sind, dann gibt es zwei Folgen. Zunächst: Die Kinder kennen unsere Schwäche, sie bedrängen uns und machen uns ein schlechtes Gewissen, um ihre Wünsche zu erfüllen. Und in der Konsequenz

Kinder führen

davon: Die Kinder sind ebenfalls unter Druck und verschließen ihre Herzen.

Für mich als Mutter ist es generell wichtig, mit meinen Kindern über die Stimmung zu sprechen, die sie bei uns Eltern wahrnehmen, sowohl bei unserer Arbeit als auch in unserem alltäglichen Zusammenleben. Die Kinder haben oft ein feines Gespür für die Stimmung der Eltern. So können sich Eltern und Kinder gegenseitig ergänzen und befruchten. Für mich besteht das eigentliche Wunder in dieser Geschichte im Miteinander-Teilen. Wenn Kinder und Eltern das Leben und ihre Zeit miteinander teilen, kann der Mangel in Überschuss verwandelt werden. Wir als Eltern können tatsächlich in der Erziehung oft Brotvermehrung erleben: Eltern und Kindern werden nicht verhungern, sondern gegenseitig bereichert, wenn sie miteinander alles teilen.

Anselm Grün: Für mich besteht das Wunder in der Geschichte der Brotvermehrung darin, dass das Wenige, das wir zu geben haben, die Menschen nährt. Ich erlebe oft Eltern, die Angst haben, zu wenig zu haben. Oder sie machen sich Vorwürfe, dass sie ihren Kindern zu wenig gegeben haben. Das Wunder ist für mich, dass das Wenige reicht. Alle werden satt. Die Kinder können von dem Wenigen, das wir geben, leben. Wir brauchen kein schlechtes Gewissen zu haben, dass wir ihnen zu wenig gegeben haben.

3. Konflikte aushalten, Wachsen zulassen

Die Beziehung zwischen den Eltern und den Kindern ist nicht immer nur von Harmonie geprägt. Da gibt es auch Konflikte und oft genug Unverständnis von beiden Seiten. Von so einem Konflikt zwischen den Eltern und dem zwölfjährigen Knaben Jesus erzählt uns der Evangelist Lukas. Jedes Jahr pilgert die ganze Familie zum Osterfest nach Jerusalem. Doch als Jesus zwölf Jahre alt war, macht er sich bei der Wallfahrt selbstständig. Er kehrt nicht mit seinen Eltern nach Jerusalem zurück. Als sie ihn nach drei Tagen vergeblicher Suche im Tempel finden, sitzt er mitten unter den Lehrern, hört ihnen zu und stellt ihnen Fragen. (Lk 2,46) Maria und Joseph sind beim Anblick ihres Sohnes nicht von Freude erfüllt, sondern von Schmerz. Sie erschrecken, dass ihr Sohn da auf einmal im Tempel lehrt. Maria drückt ihren Schmerz über das Verhalten des Kindes aus. Und sie fragt das Kind, wie es den Eltern diesen Schmerz zufügen konnte: »Kind, wie konntest du uns das antun? Dein Vater und ich haben dich voll Angst (mit Schmerzen) gesucht.« (Lk 2,48) Die Antwort Jesu bleibt den Eltern unverständlich: »Warum habt ihr mich gesucht? Wusstet ihr nicht, dass ich in dem sein muss, was meinem Vater gehört?« (Lk 2,49) Jesus nennt Gott seinen Vater. Ihm gehört er, nicht seinen Eltern. Die Eltern verstehen nicht, was Jesus damit sagen möchte. Es tut ihnen weh. Maria überspringt diesen Schmerz nicht. Es ist gut, wenn die Eltern ihrem Kind gegenüber, das ihnen weh tut, ihren Schmerz ausdrücken. Aber Maria drängt ihrem Kind keine Schuldgefühle auf. Sie sagt ihm nur, was sein Verhalten in ihr auslöst. Sie zeigt dem Kind, was es mit den Eltern macht, wenn sie voller Angst und Schmerzen drei Tage nach ihm suchen.

Lukas löst die Spannung nicht auf, die durch das unverständliche Verhalten Jesu zwischen ihm und seinen Eltern entstanden ist. Die Eltern halten ihr eigenes Unverständnis aus. Aber sie reagieren nicht damit, dass sie alle Schuld beim Sohn suchen. Sie versuchen, das unverständliche Verhalten des Sohnes zu begreifen. Maria zeigt eine Reaktion, die auch für alle Eltern heute eine Herausforderung ist, wenn ihr Kind ihnen fremd erscheint und sie sein Verhalten nicht verstehen: Von Maria heißt es: »Seine Mutter bewahrte alles, was geschehen war, in ihrem Herzen.« (Lk 2,51) Im Griechischen heißt es genauer: Maria schaute durch alle Worte, die ihr Kind ihr gesagt hatte, hindurch (»diaterein«, durchschauen). Sie betrachtete also ihren Sohn mit neuen Augen. Sie verstand sein Verhalten und seine Worte nicht. Aber sie versuchte, darüber nachzudenken, sie versuchte, den Worten und dem Verhalten Jesu auf den Grund zu gehen, um es zu verstehen. »Diaterein« meint, dass Maria durch den Schmerz, den ihr der Sohn bereitet hat, hindurchgeht in den Grund der Seele. Dort, jenseits aller Schmerzen und aller Ängste um den Sohn, findet sie inneren Frieden. Dort erahnt sie das Geheimnis ihres Sohnes. Dort, wo unterhalb ihrer aufgewühlten Gefühle Gott selber in ihr wohnt, kann sie ihren Sohn mit Augen des Glaubens anschauen. Und diese Augen des Glaubens ermöglichen es dem Sohn, so heranzuwachsen, dass seine Weisheit zunimmt und er Gefallen findet bei Gott und bei den Menschen. (Lk 2,2) Gefallen heißt im Griechischen »charis«. Und dieses Wort meint vieles: Gnade, Schönheit, Anmut. Jesus konnte unter den

Augen des Glaubens seiner Mutter in seine eigene Gestalt hineinwachsen. Seine innere Schönheit wurde sichtbar. Er wurde nicht verbogen. Und er wuchs auch in der Weisheit. Das griechische Wort »sophia« meint das innere Wissen um das Geheimnis des Lebens und der Natur. Jesus erkennt also immer tiefer das Geheimnis des Seins. Das lateinische Wort für Weisheit – »sapientia« – kommt von »sapere«, schmecken. Weise ist der, der sich selbst schmecken kann, der sich selbst angenommen hat. Weil Maria ihren Sohn mit den Augen des Glaubens angeschaut hat, konnte er an sich selbst glauben und sich selbst annehmen. Das machte ihn zu einem angenehmen Menschen, zu einem Menschen, über den sich andere freuen. Das ist das Ziel der Kindererziehung: nicht dass das Kind überall Anklang findet und den Eltern damit Ehre bringt, sondern dass das Kind sich an seinem Leben freuen kann und dadurch auch Freude in denen hervorruft, die ihm begegnen.

Hsin-Ju Wu: Als Mutter empfinde ich Schmerz, wenn die Kinder auf solche Weise mit mir reden. Die Kinder verstehen oft nicht, warum die Eltern sich Sorgen um sie machen. Ich bin der Meinung, dass Eltern das Recht haben, den Kindern ihre Sorgen zu zeigen. Aber Weisheit zeigt sich darin, *wie* die Eltern ihre Sorgen ausdrücken und *wie* sie mit ihrem Ärger umgehen. Die Bilder, die der junge Jesus und unsere Kinder oft haben, sind für uns Eltern unrealistisch. Aber es ist unsere Aufgabe als Eltern, sich ihre Bilder anzuschauen und darin ihre wahre Begabung und ihr eigentliches Bild zu erkennen. Weder Jesus noch seine Eltern verhalten sich in dieser Szene auf ideale Weise.

Aber gerade wenn die Eltern und Kinder ihre Schwächen gegenseitig kennen, entsteht wirkliche Kommunikation.

Ich denke da an das Beispiel eines weltbekannten taiwanesischen Modedesigners Jason Wu. Als Kind spielte er immer mit den Puppen und machte Kleider für sie. Die Verwandten regten sich darüber auf, er solle lieber mit Autos spielen. Sie sagten der Mutter, der Sohn sei problematisch oder krank. Anfangs war die Mutter verunsichert und begleitete den Jungen zum Therapeuten. Doch dann hat sie wie Maria genau hingehört, was in ihrem Sohn steckt. Deshalb ließ sie ihn gewähren und unterstützte ihn darin. Mit fünf Jahren schickte sie ihn zu Malkursen. So entwickelte er seine Fähigkeiten. Später studierte er Modedesign und wurde ein erfolgreicher Mann.

* * *

Hsin-Ju Wu: Du als Mönch hast keine Kinder, aber lange Zeit hast du viele Jugendliche begleitet und die ehrlichen Stimmen von Jugendlichen über ihre Eltern gehört hast. Was erwarten die Jugendlichen von ihren Eltern und was ärgert sie am meisten an ihnen?

Anselm Grün: Die Jugendlichen wollen von ihren Eltern ernst genommen werden. Sie ärgern sich, wenn die Eltern sich immer auf ihre Erfahrung berufen und alles besser wissen. Sie wollen gehört und in ihrer Person gesehen werden. Sie erwarten von ihren Eltern, dass sie mit ihnen über ihre Probleme und über ihre Zukunft sprechen können. Sie erwarten bei allem Streben nach Selbstständigkeit von den Eltern, dass sie sich an sie anlehnen und zu ihnen kommen können, wenn sie Hilfe brauchen. Sie wollen ihren Eltern erzählen, was sie wirklich bewegt. Aber oft erzählen sie mir, dass die Eltern nicht richtig zuhören, sondern nur immer ihre feste Meinung vertreten. Die größte Angst der Jugendlichen ist, dass die Eltern sich nicht mehr verstehen und sich trennen. Es ist die Angst, dass das Netz der Familie nicht mehr hält und sie dann allein gelassen sind.

4. Die Kinder gehören nicht nur den Eltern

Das Alte Testament erzählt uns die Geschichte von Samuel, dem großen Propheten. Hanna und ihr Mann Elkana hatten keine Kinder. So betete Hanna voller Schmerz im Tempel. Der Priester Eli meinte, sie sei betrunken. Doch dann verheißt er ihr, dass sie einen Sohn gebären wird. Als ihr Samuel geboren wird, weiht sie ihn Gott und lässt ihn im Tempel, damit er sein Leben lang Gott dient. Als Samuel einmal im Tempel schlief, rief ihn Gott im Traum an. Samuel stand auf und ging zu Eli und sagte zu ihm: »Hier bin ich, du hast mich gerufen.« (1 Sam 3,5) Doch Eli schickt ihn wieder zurück, er solle weiterschlafen. Er habe ihn nicht gerufen. Erst beim dritten Mal erkannte der alte Priester Eli, »dass der Herr den Knaben gerufen hatte.« (1 Sam 3,8) Und er gab ihm den Rat, wenn der Herr ihn nochmals rief, solle er sagen: »Rede, Herr, dein Diener hört.« (1 Sam 3,9) So tut es Samuel. Und der Herr offenbart ihm, was er alles in Israel tun werde.

Die Kinder gehören nicht nur den Eltern. Jedes Kind ist Gottes Kind. Und jedes Kind kann zum Propheten berufen werden. Gott kann jedes Kind in seinen besonderen Dienst nehmen. Für die Eltern ist es oft schwer, den Sohn oder die Tochter freizulassen, wenn sie ihre Berufung spüren. Das Kind befolgt nicht einfach das, was wir ihm beibringen. Es hat sein eigenes Wesen. Und dieses urpersönliche Wesen entdeckt es, wenn es auf die Stimme Gottes hört. Die Aufgabe der Eltern ist es dann, das Kind seinen Weg gehen zu lassen, auch wenn sie diesen Weg nicht verstehen. Vielen Eltern fällt es etwa schwer, wenn sie erfahren, dass ihr Sohn oder ihre Tochter ins Kloster gehen möchte. Aber viele tun sich auch schwer, wenn sich die Kinder anders entwickeln, als sie sich vorgestellt haben.

Heute leiden viele Eltern darunter, dass die Kinder ihnen nicht im Glauben folgen. Da haben sie sich bemüht, den Kindern den Glauben vorzuleben und ihnen einen menschenfreundlichen Glauben zu vermitteln. Aber irgendwann gehen die Kinder ihre eigenen Wege, und die Eltern können sie nicht mehr erreichen. Wenn sie vom Glauben sprechen, reagieren die Kinder ablehnend. Oder sie hören es sich an, aber sie folgen doch dem eigenen Empfinden. Die Eltern müssen sich immer wieder klar machen, dass ihr Kind nicht ihr Besitz ist. Gott kann ihr Kind ansprechen. Gott kann das Kind zu großen Aufgaben herausfordern. Aber manchmal sind diese Aufgaben auch mit Gefahren verbunden. Und die Eltern möchten ihre Kinder schützen. Das Kind seiner eigenen Berufung zu überlassen fällt den Eltern oft sehr schwer. Da ist die Geschichte von Samuel eine Hilfe. Die Eltern von Samuel haben das Kind als Geschenk Gottes erfahren, weil sie lange Jahre unfruchtbar waren und unter dieser Unfruchtbarkeit gelitten haben. So haben sie erkannt, dass ihr Sohn nicht ihr Besitz ist, sondern ihnen von Gott geschenkt worden ist. Sie sind bereit, ihr Kind auch Gott wieder zurückzugeben. Viele Eltern denken anders. Sie glauben, dass das Kind ihnen gehört. Sie wollen das Beste für ihr Kind. Aber das Beste ist eigentlich, es der eigenen Berufung zu überlassen, es frei zu lassen, dass es seinen Weg gehen kann.

* * *

Anselm Grün: Wenn du an die Zukunft deiner Kinder denkst, wie geht es dir dabei? Kannst du deine Kinder loslassen? Kannst du vertrauen, dass Gott sie auf den Weg führt, auf dem sie zum Segen werden dürfen für viele Menschen?

Hsin-Ju Wu: Ich denke, die Eltern sollten wie Eli den Kindern helfen, auf die eigene Berufung zu antworten. Kinder haben oft nur ein »Gefühl« oder ein »Ideal« oder einen »Traumberuf« im Kopf, aber sie haben keine Erfahrung, zu unterscheiden, ob diese Träume realistisch sind. Und sie wissen oft nicht, was sie tun können, um diese Träume zu verwirklichen. Sie können manchmal nur darüber reden, immer nur reden, aber nicht handeln und nicht realistisch abwägen, was zu tun ist, damit diese Träume Wirklichkeit werden. Wenn Samuel immer nur etwas gespürt oder gehört hätte, wäre er immer nur im Traum geblieben. Wir Eltern sind wie Eli, den Kindern zu helfen, den Traum zu verwirklichen. Das ist die wichtige

Kinder führen

Aufgabe der Eltern. Meine Tochter möchte gerne Psychologin werden. Das ist ihr Traumberuf. Ich habe mit ihr über ihre innere Stimme gesprochen und so ihren Traumberuf geklärt und ihre Vorstellung davon weiterentwickelt.

Für eine solche Entwicklung sind für mich vier Schritte wichtig: Zunächst ist es wichtig, sensibel auf die Stimme hören. Die Spiritualität ist mir dabei eine Hilfe, Sensibilität zu üben. Dann geht es darum, zu klären: Woher kommt diese Stimme? Kommt sie aus dem Herzen oder von außen? Spricht daraus nur ein Modetrend, oder sind es die Erwartungen der anderen? Schließlich geht es darum, Verantwortung zu übernehmen. Dabei ist es die Aufgabe der Eltern, die Kinder loszulassen, damit die Kinder ihre eigene Verantwortung übernehmen können, selbstständig auf die Stimme zu antworten. Und zuletzt ist entscheidend, dass die Eltern hinter den Kindern stehen. Sie stärken ihnen den Rücken und unterstützen sie, um ihrem inneren Ruf zu folgen.

5. Der Entwicklung vertrauen und zum eigenen Weg ermutigen

Söhne und Töchter sind gleichwertig, dennoch können in der Beziehung zu ihren Eltern, zum Vater und zur Mutter, jeweils unterschiedliche Aspekte wichtig werden. Die Bibel kennt zwei Heilungsgeschichten, in denen es um die Entwicklung der Tochter geht. Es ist die Auferweckung der Tochter des Jairus und die Heilung der Tochter einer griechischen Frau. In der ersten Geschichte geht es um die Beziehung zwischen Vater und Tochter. Die Tochter wurde vom Vater, der Vorsteher einer Synagoge war, übersehen. Das hat sie krank gemacht. Und sie konnte schließlich gar nicht mehr leben und starb. Jesus hat sie wieder zum Leben geweckt. Er hat den Vater Vertrauen gelehrt. Viele Väter tun sich schwer mit ihrer Tochter. Entweder übersehen sie die Tochter, weil sie so anders ist als sie selbst. Wenn die Tochter vom Vater übersehen wird, leidet sie ihr Leben lang darunter. Sie fühlt sich dann später vom Chef übersehen oder von ihrem Ehepartner. Die Tochter möchte vom Vater so gesehen werden, wie sie ist.

Manche Väter übersehen ihre Tochter nicht, sondern sie schauen zu sehr auf sie. Sie möchten sie kontrollieren. Sie haben Angst, dass sie ihren eigenen Weg geht, dass sie dem Einfluss des Vaters entgleitet. Oft legt der Vater die Tochter dann auf ein ganz bestimmtes Bild hin fest. Die Tochter braucht Vertrauen, dass sie so sein darf, wie sie ist, dass sie sich nicht ständig vor dem Vater beweisen muss. Und Jesus zeigt in der Auferweckung der Tochter, was sie wirklich braucht: »Er fasste das Kind an der Hand und sagte zu ihm: Talita kum!, das heißt übersetzt: Mädchen, ich sage dir, steh auf.« (Mk 5,41) Jesus berührt das Mädchen und stärkt ihr den Rücken. Und er gibt ihr Mut, aufzustehen und ihren Weg selbstständig zu gehen. Jesus befiehlt den Eltern, sie sollten dem Mädchen etwas zu essen geben. (Mk 5,43) Das Mädchen soll sich selber spüren, soll in Berührung kommen mit der eigenen Vitalität. Jesus traut dem Mädchen etwas zu. Er stärkt ihr den Rücken. Aber er lässt sie auch frei. Er gängelt sie nicht, sondern lässt sie frei umhergehen. Das Mädchen braucht das Vertrauen des Vaters, dass es in seine eigene Kraft kommt.

Von der Tochter der griechischen Frau heißt es, dass sie von einem unreinen Geist besessen war. So ein unreiner Geist, der das Denken der Tochter trübt, kann die Projektion der Mutter sein. Sie sieht in der Tochter nicht das einmalige Bild Gottes, sondern sieht die Tochter mit der Brille ihrer eigenen verdrängten Bedürfnisse oder ihrer eigenen Unsicherheit. Wenn die Mutter zu sehr ihre eigenen Wünsche und Bedürfnisse in die Tochter projiziert, dann kann die Tochter nicht leben. Dann wird sie hin- und hergezerrt von ihren eigenen Vorstellungen und von den Vorstellungen, die die Mutter von ihr hat. Jesus befreit zuerst die Mutter von ihren Projektionen. Die Mutter kommt zu Jesus und bittet ihn, er solle aus ihrer Tochter den Dämon austreiben. Sie meint, das Problem liege allein bei der Tochter. Doch Jesus behandelt zuerst die Mutter. Er hält ihr einen Spiegel für ihr eigenes Verhalten vor. Sie hat die Tochter innerlich verhungern lassen, weil ihr die Hunde – ihre eigenen Vorlieben, ihre eigenen Bedürfnisse – wichtiger waren als die Tochter. Die Größe dieser Mutter besteht darin, dass sie sich von Jesus korrigieren lässt. Sie sagt: »Ja, du hast recht, Herr! Aber auch für die Hunde unter dem Tisch fällt etwas von dem Brot ab, das die Kinder essen.« (Mk 7,28) Sie sieht ein, dass sie der Tochter nicht gegeben hat, was sie braucht. Aber sie verfällt jetzt nicht in das Gegenteil, dass sie die Tochter verwöhnt, um ihr schlechtes Gewissen zu beruhigen. So geschieht es oft in der Erziehung. Aus Angst vor dem schlechten Gewissen, dass man zu wenig Zeit für die Tochter hat, verwöhnt man sie. Doch die Frau steht zu ihren eigenen Bedürfnissen. Sie sieht ein, dass sie der Tochter zu wenig gegeben hat. Aber sie verweist darauf, dass sie selbst auch bedürftig ist. Sie kann nicht nur geben, sie braucht auch selber etwas. Jesus lobt die Frau. Weil sie die Situation richtig sieht, weil sie einsieht, was die Tochter braucht und was sie selber nötig hat, deshalb sagt ihr Jesus: »Geh nach Hause, der Dämon hat deine Tochter verlassen.« (Mk 7,29) Wenn die Mutter die Tochter mit neuen Augen anschaut, dann erkennt sie, dass sie keinen Dämon hat, dass sie nur ihr eigenes Leben leben möchte. Oft deckt die Tochter der Mutter ihre eigenen Schattenseiten auf. Doch das möchte die Mutter nicht so gerne sehen. Daher interpretiert sie das Verhalten der Tochter als von einem Dämon bestimmt. Sie möchte nicht in den Spiegel schauen, den ihr die Tochter vorhält, sondern projiziert ihre eigenen Schattenseiten auf die Tochter und hält sie für dämonisch. Als die Mutter nach Hause kommt, findet sie das Kind auf dem Bett liegen und sieht, dass der Dämon sie verlassen hat. Sie liegt ruhig auf dem Bett. Sie ist nicht mehr hin- und hergezerrt von den verschiedenen Bedürfnissen, vom Bedürfnis, die liebe Tochter der Mutter zu sein, und vom Bedürfnis, sie selbst zu sein. Sie ist bei sich. Sie ist zur Ruhe gekommen, sie hat zu ihrer Mitte gefunden.

Vater und Mutter – so sagen uns diese beiden Heilungsgeschichten – müssen lernen, Vertrauen in die Tochter zu haben, und sie ermutigen, ihren eigenen Weg zu gehen. Und sie müssen darauf achten, dass sie die Tochter nicht für sich gebrauchen, nicht als Ersatz für die nicht erfüllten Bedürfnisse nach Nähe, und nicht als Projektionsfläche für die eigenen Schattenseiten. Es geht darum, immer wieder das Geheimnis der Tochter zu meditieren und sich zu fragen, was und wer sie in Wirklichkeit ist, was sie braucht, um das einmalige Bild zu leben, das Gott sich von ihr gemacht hat.

* * *

Anselm Grün: Als Mutter einer Tochter liest du diese Geschichte sicher mit anderen Augen als ich. Was ist anders bei der Erziehung einer Tochter als bei der Erziehung des Sohnes? Und was muss der Vater, was muss die Mutter lernen, damit sie der Tochter gerecht werden?

Hsin-Ju Wu: Heuzutage sind die Töchter als Frauen nicht mehr wie früher leicht zu übersehen oder zu unterdrücken. Die Aufgabe der Eltern für die Tochter besteht darin, ihre Persönlichkeit zu entfalten, sie zur Frau reifen zu lassen. Die Mutter-Tochter Beziehung ist immer eine Spiegel-Beziehung. Die Tochter ist ein Spiegel für die Mutter und die Mutter ein Spiegel für die Tochter. Als Mutter bin ich besonders fürsorglich für meine Tochter. Ich habe Angst, dass sie dieselben Fehler machen könnte, wie ich damals. Es gibt da einen Zwiespalt: Die Tochter nimmt unbewusst die Mutter als Vorbild, aber sie will auch ganz sie selber sein. Die Mutter kann in der Tochter ihre eigenen versteckten Seiten finden. Manchmal ist das auch sehr spannend. Hauptsache ist, dass beide sich nicht gegenseitig Vorwürfe machen oder dass die Mutter kein schlechtes Gewissen haben sollte, wenn beide im anderen die gleiche Schwäche entdecken. Sie können das als Herausforderung sehen, sich gemeinsam verbessern zu wollen. Die Mutter könnte ihre eigene Lebensgeschichte als Beispiel oder Lektion für die Tochter nehmen, um ihre Schwächen gemeinsam zu bewältigen. Meine Tochter und ich, wir regen uns zum Beispiel leicht auf. Meine Tochter hat sich früher über dieses »Erbe« von mir oft beschwert und ich selber hatte dann ein schlechtes Gewissen. Schließlich habe ich versucht, meine Lebensgeschichte und meine Erfahrung mit meinem Aufgeregtsein mit ihr zu teilen. Ich habe ihr erzählt, welche Fehler ich gemacht habe. Das war für sie eine gute Lektion und hat sie überzeugt. Und wir haben einander im Alltag immer wieder darauf aufmerksam gemacht, wenn wir wieder zu erregt waren. Wir haben uns auf diese Weise gegenseitig geholfen, reifer zu werden.

In der Vater-Tochter Beziehung spielt die Sensibilität eine große Rolle. Der Vater sollte der Tochter Selbstvertrauen schenken. Der Vater ist wie ein »Schmieröl« zwischen Mutter und Tochter. Das entspannt auch die Beziehung zwischen Mutter und Tochter.

6. Kräfte freisetzen, die dem Leben dienen

Auch Söhne sind besonders. Die Bibel erzählt uns zwei Geschichten, in denen der Sohn geheilt wird. Aber dabei löst Jesus immer auch die Verwicklung mit dem Vater oder der Mutter auf. Der eine Sohn ist von einem stummen Geist besessen. Er ist verstummt. Vielleicht hatte er das Gefühl, dass er in Gegenwart seines Vaters nicht sprechen kann. Vielleicht hatte er Angst, seine Gefühle zu äußern, weil sie bewertet worden sind. Jesus behandelt zuerst den Vater und lehrt ihn, dass er an seinen Sohn glauben soll. Der Vater ist dazu bereit. Das drückt er in dem Satz aus: »Ich glaube, hilf meinem Unglauben!« (Mk 9,24) In diesem Augenblick erkennt der Vater, dass er zu wenig an den Sohn geglaubt hat. Doch auch der Sohn braucht Heilung. Auch in ihm muss sich etwas wandeln. Er hat seinen Vater ja mit seinen Anfällen in die Hilflosigkeit getrieben. In seinen Anfällen war ja auch versteckte Aggression gegen den Vater. Und diese versteckte Aggression war wie ein Dämon, der den Sohn gefangen hielt. So befiehlt Jesus dem Dämon, der zerstörerische Anfälle inszeniert, auszufahren. Er befreit den Sohn von dem inneren Zwang, seine Aggressionen durch seine Anfälle auszudrücken. Und er richtet ihn auf. Er führt ihn in seine wahre Gestalt hinein.

Es ist normal, dass der Sohn emotional mehr an die Mutter gebunden ist und dass die Mutter besonders stolz auf den Sohn ist. Doch manchmal kann die Beziehung zwischen Mutter und Sohn so eng werden, dass der Sohn nicht mehr wirklich leben kann. Von einer solchen Beziehung erzählt uns Lukas. Der einzige Sohn einer Witwe stirbt. Er kann als Muttersohn nicht weiter leben. Der erste Schritt der Heilung beginnt damit, dass der Sohn aus der Stadt herausgetragen wird. (Lk 7,11–17) Er muss aus dem mütterlichen Bereich herausgetragen werden, um seinen eigenen Weg zu gehen. Und er muss seine alte Identität ablegen. Jesus stoppt die Bahre, um dem Sohn zu sagen: »Steh auf. Das ist nicht der richtige Ort für dich. Du kannst dich nicht dein Leben lang auf Händen tragen lassen. Du musst selbst Verantwortung für dein Leben übernehmen.« Jesus gibt dem Sohn die Kraft, aufzustehen und das auszusprechen, was er in sich fühlt und was er in seinem Leben verwirklichen möchte. Dann gibt Jesus den Sohn der Mutter zurück. Wenn der Sohn auf eigenen Füßen steht, kann er auch eine gute Beziehung zur Mutter aufbauen. Wenn er an sie gebunden ist, wird er nie seinen Weg finden.

Söhne müssen lernen, mit ihrer Aggressionskraft angemessen umzugehen. Sie dürfen sie nicht gegen sich selbst richten, sonst werden sie depressiv. Sie dürfen aber mit ihrer Aggression auch nicht ihre Umgebung zerstören. Aggressionen wollen das Verhältnis von Nähe und Distanz regeln. Der Sohn muss durch die Aggression seine eigene Freiheit erkämpfen und dann muss er sie einsetzen, um sich durch das Leben zu kämpfen und um für das Leben zu kämpfen. Ein wesentlicher Aspekt der Erziehung des Sohnes liegt darin, dass die Eltern seine Aggression nicht brechen, ihr aber auch keinen freien Lauf lassen, sondern dass sie sie so formen, dass sie dem Leben dient und nicht zerstört.

* * *

Anselm Grün: Du hast auch einen Sohn. Welche Erfahrungen machen du und dein Mann bei seiner Erziehung? Worauf sollte die Erziehung der Söhne achten?

Hsin-Ju Wu: Bei uns gibt es eine Bezeichnung für Männer, die seit ihrer Kindheit der Schatz ihrer Mutter sind. Bis sie erwachsen sind, hängen sie von der Mutter ab. Sie sind der Schatz ihrer Mütter. Das heißt aber auch: Sie sind im Besitz ihrer Mutter. Sie sind nicht frei. Das führt meistens dazu, dass sie Probleme mit Frauen und in der Partnerschaft haben. Für mich ist daher die Geschichte von Jakob und seiner Mutter ein wichtiger Spiegel geworden, um meine Beziehung zu meinem Sohn anzuschauen und zu verstehen. Ich wollte nie, dass mein Sohn ein Muttersohn wird so wie Jakob an seine Mutter Rebekka gebunden war.

7. Versöhnung der Kinder mit ihrer Herkunftsfamilie

Das Alte Testament erzählt uns in Gen 22–35 die Geschichte von Abraham und seinem Sohn Isaak und von seinen Enkelkindern Esau und Jakob. Abraham war ein typischer Pilger, der aber für seinen Sohn Isaak keine Verantwortung übernommen hat. Daher ist Isaak ein »vaterloser« Mann. Es gibt in unserer Gesellschaft viele vaterlose Männer. Denn oft übernehmen die Väter keine Verantwortung für die Erziehung ihrer Söhne. Sie begleiten die Söhne nicht auf ihrem Weg, Mann zu werden. Die Söhne können sich mit ihren Vätern nicht identifizieren. So haben sie keine Möglichkeit, in der Begegnung und Konfrontation mit ihnen zum Mann zu reifen. Die Väter begnügen sich mit der finanziellen Verantwortung für ihre Söhne. Doch das genügt den Söhnen nicht. Sie haben als vaterlose Männer kein Vorbild, das ihnen hilft auf ihrem Weg zum Mannsein.

Vaterlose Männer haben oft Angst, dass sie wie ihre Väter werden könnten. Sie entwickeln wenig Selbstvertrauen und haben oft Minderwertigkeitskomplexe, weil sie ihre Männlichkeit nicht leben können. Solche Söhne hängen sich dann oft an die Mutter. So war Isaak ein Muttersohn. Solche Männer nehmen dann oft ihre Frau als Mutterersatz. Isaak führt seine Frau Rebekka in das Zelt seiner Mutter Sara. Sie spielt für ihn die gleiche Rolle wie seine Mutter. Die Bibel erzählt von ihm: »Er nahm sie zu sich, und sie wurde seine Frau. Isaak gewann sie lieb und tröstete sich so über den Verlust seiner Mutter.« (Gen 24,67) Die Frau wird nach dem Tod seiner Mutter zur Ersatzmutter. Doch das führt oft dazu, dass solche vaterlosen Männer Probleme mit Frauen haben. Sie können ihrer Frau nicht als gleichwertige Partner begegnen. Und wenn sie Kinder haben, sind sie oft unfähig, für eine gute Geschwisterbeziehung zu sorgen. Sie geben die Probleme ihrer Herkunftsfamilie weiter. Isaak und Ismael, die beiden Brüder, waren zerstritten und einander Feind. Genauso wird es mit den Söhnen Isaaks: Esau und Jakob verstehen sich nicht, obwohl sie Zwillinge sind. Jakob trickst seinen Bruder Esau aus. Jakob ist der intelligente, Esau, der behaarte Mann, steht eher für den vitalen Mann. Erst nach einer schmerzlichen Begegnung mit seinem eigenen Schatten wird Jakob fähig, sich mit seinem Bruder Esau zu versöhnen.

Die Herkunftsfamilie spielt eine große Rolle für die Erziehung der Kinder. Wenn die Probleme der Herkunftsfamilie nicht angeschaut und aufgearbeitet werden, dann setzen sie sich fort in der neuen Familie. Daher ist es wichtig, die Geschichte und die Beziehungen in der Herkunftsfamilie anzuschauen und sich damit zu versöhnen. Nur so kann man sich aus dem negativen Kreislauf lösen.

Und nur so kann die Wunde, die man in der Herkunftsfamilie erfahren hat, in eine Perle verwandelt werden. Jakob hat diese Verwandlung der Wunde in eine Perle erlebt. Aber es war eine schmerzliche Verwandlung. Die
Bibel erzählt uns von der nächtlichen Begegnung mit einem dunklen Mann, der mit Jakob ringt. Es ist ein Kampf
auf Leben und Tod. Aber Jakob stellt sich diesem Kampf
und er wird darin von Gott gesegnet. So kann er als Ge-
segneter auf neue Weise Vater sein für seine zwölf Söhne.

Hsin-Ju Wu: In dem widersprüchlichen Erziehungsver-
halten von Isaak und Rebekka können wir die Gefahr einer unklaren Erziehung erkennen. Solche Erziehungs-
konflikte zwischen Vater und Mutter gibt es in vielen
Familien. Ein Beispiel aus meiner eigenen Umgebung:
Meine Schwägerin und mein Schwager haben zwei
Söhne. Einer ist aktiv und wild wie Esau. Er ist immer mit
dem Vater zusammen. Der andere Sohn wird von der
Mutter bevorzugt, weil er ruhiger und einfühlsamer ist,
wie Jakob. Die beide Söhne rivalisieren miteinander.
   Kinder können solche Konflikte manchmal als Chance
für sich selbst nehmen, um eigenen Vorteil daraus zu ziehen. Doch wenn Vater und Mutter verschiedene Erziehungsstile und verschiedene Absichten verfolgen, werden
die Kinder orientierungslos. Die Beziehung zwischen den
Geschwistern kann durch einen solchen Konflikt zwischen den Eltern ruiniert werden. Die Eltern sollten sich
also miteinander über die Erziehungsprinzipien einigen.
Sie dürfen nicht zulassen, dass ein Kind das nette und das
andere das böse Kind spielt. Die Eltern dürfen auch nicht
zulassen, dass sie getrennt für das jeweilige Kind zustän-

dig sind. Denn dann werden die Geschwister gegeneinander kämpfen.

Vater und Mutter sollten die gleichen Prinzipien in der Erziehung verfolgen, aber sie können dabei durchaus unterschiedliche Rollen spielen. Bei uns in Taiwan sagt man: Kinder lernen bei der Mutter von vorne, weil die Mutter die Kinder stillt und umarmt. Die mütterliche Rolle zielt mehr auf Geborgenheit, Einfühlen, Beziehung, Gefühle und frauliche Selbstwirklichung bei der Tochter. Kinder lernen beim Vater von hinten, insofern sie beobachten, was der Vater tut und wie er handelt. Die väterliche Rolle dreht sich mehr um die eigene Kraft, um die Fähigkeit für Karriere, um Disziplin, soziale Verantwortung und männliche Selbstverwirklichung beim Sohn. Heute sollten Tochter und Sohn in gleicher Weise mit der eigenen anima und dem animus in Berührung kommen, um einen ganzheitlichen Charakter zu entwickeln. Deswegen sollten Eltern die Aufgabe von Mutter und Vater nicht getrennt für Tochter und Sohn erfüllen. Sie sind beide wichtig für Tochter und Sohn. Mein Mann und ich haben ganz unterschiedliche Stärken und Schwächen. Wir haben mit den Kindern auch darüber gesprochen. Dann wissen die Kinder, mit welchen Fragen sie zu Vater oder Mutter gehen sollen. Sie wissen auch, dass weder der Vater noch die Mutter absolut gut sind.

* * *

Hsin-Ju Wu: Wie hat dein Vater dein Leben beeinflusst? Bist du mehr ein »Vater-Sohn« oder ein »Mutter-Sohn«?

Anselm Grün: In der Kindheit war ich sicher eher der Vater-Sohn. Mein Vater war ein sehr spiritueller Mann. Er hat spirituelle Bücher gelesen und uns als Kinder die Augen geöffnet für die Schönheit der Natur. Als ich mit zehn Jahren zum ersten Mal den Wunsch verspürte, Priester zu werden, habe ich mit meinem Vater darüber gesprochen. Und er war von dem Wunsch ganz begeistert. Denn er wollte als Mann selber einmal Priester und Mönch werden. Vom Gesicht her gleiche ich auch eher meinem Vater. Aber ich hatte auch eine gute Beziehung zu meiner Mutter. Meine Mutter war später, als ich Priester wurde, sehr stolz auf mich. Und als ich durch meine Bücher bekannt geworden bin, war sie noch stolzer. Meine Geschwister haben sich da manchmal köstlich amüsiert, wenn meine Mutter beim Einkaufen oder beim Arztbesuch auf ihren Sohn zu sprechen kam, der im Kloster ist und viele Bücher schreibt. Ich verdanke sowohl meinem Vater als auch meiner Mutter sehr viel. Mein Vater ist ja früh gestorben. Als junger Mönch habe ich in meinen Vorträgen und ersten Büchern immer wieder von der Vereinnahmung gesprochen. Das war sicher mein eigenes Problem. Ich musste mich innerlich von der Mutter lösen, damit ich wirklich meinen eigenen Weg gehen konnte.

8. Geschwisterbeziehung als Herausforderung

Die Bibel erzählt uns von vielen Geschwistern. Da gibt es Brüderpaare und Schwesternpaare. Oft sind es feindliche Brüder. So erschlägt Kain seinen Bruder Abel. Es ist der Neid, der den Bruder zum Mord verleitet. Jakob und Esau sind sich auch feindlich gesinnt. Jakob ist der schlaue, Esau der starke und wilde Mann. Man könnte sagen: Jeder Bruder erinnert den anderen an seine ungelebten Seiten, an seine Schattenseiten. Jakob möchte nur vom Verstand her leben und sich durch das Leben lügen. Esau möchte kämpfen. Doch in seinem Kampf wird er blind und unterliegt dem schlauen Jakob. Beide versöhnen sich erst, als sich Jakob seinen eigenen Schattenseiten stellt. Dann erkennt er in seinem Bruder nicht den Feind, sondern den, der ihn ergänzt, den er braucht, um auf Dauer in Frieden leben zu können. Es gibt auch heute Brüder, die verfeindet sind. Manchmal liegt die Ursache in der Kindheit. Ein Sohn wird dem anderen vorgezogen. Und so entstehen in dem Sohn, der sich vernachlässigt fühlt, Zorn und Wut und Neid. Manchmal zeigt sich diese erbitterte Feindschaft erst später, z.B. bei der Erbschaft. Doch dann werden oft alte Rivalitäten ausagiert. Es wäre wichtig, dass jeder Bruder in dem anderen etwas erkennt, was auch in ihm selbst ist. Dann wird der Bruder für ihn zur Bereicherung und zur Quelle der Selbsterkenntnis.

Was vom Neid der Brüder gilt, gilt auch für die Schwestern. Da ist die ältere Schwester eine Überfliegerin. Sie hat immer gute Noten und ist in allem erfolgreich. Die Eltern bewundern die ältere Schwester. Die jüngere

Schwester hat keine Chance, ihr das Wasser zu reichen. Also flieht sie in die Rebellion. Manche werden dann magersüchtig, um die Eltern zu zwingen, sich um sie zu kümmern. Oder sie verweigern die Leistung und machen den Eltern Sorgen und erlangen so ihre Aufmerksamkeit. Und oft genug sind sich die Schwestern dann ein Leben lang Feinde. Sie verweigern die Geschwisterlichkeit, bekämpfen einander und machen sich das Leben gegenseitig schwer.

Das Buch Exodus erzählt uns nicht nur von einem Brüderpaar, sondern von drei Geschwistern. Da sind Mose, Aaron und Miriam. Mose wird von Gott berufen, das Volk aus Ägypten herauszuführen. Doch er wendet gegen Gott ein, dass er nicht richtig sprechen kann. Da verweist ihn Gott auf seinen Bruder Aaron. So wird Aaron eine gute Ergänzung. Mose führt mit Kraft das Volk und Aaron wird zum Mund des Mose. Beide ergänzen sich gut. Und sie haben eine Schwester Miriam. Sie wird Prophetin genannt. Sie nimmt nach dem Durchzug durch das Rote Meer die Pauke in die Hand: »Und alle Frauen zogen mit Paukenschlag und Tanz hinter ihr her.« (Ex 15,20) Miriam singt den Frauen ein Lied vor. Sie bringt also die weibliche Dimension des Glaubens unter das Volk. Und sie belebt die Feier der Männer mit Musik und Tanz. Am Anfang harmonieren also die drei Geschwister und ergänzen sich. Doch dann tun sich Miriam und Aaron zusammen und kritisieren Mose wegen seiner kuschitischen Frau. Sie sagen: »Hat etwa der Herr nur mit Mose gesprochen? Hat er nicht auch mit uns gesprochen?« (Num 12,2) Sie werden neidisch auf ihren Bruder Mose. Doch Miriam wird aufgrund ihrer Rebellion gegen ihren

Bruder Mose aussätzig. Sie schreit zu Gott. Und Gott heilt sie durch ihren Bruder Mose. Hier tun sich zwei der Geschwister zusammen, um gegen den Bruder zu rebellieren. Doch Gott stellt die Gemeinschaft zwischen ihnen wieder her. Die Eltern werden ständig solche Rivalitätskämpfe und Verbindungen von Geschwistern gegen die anderen feststellen. Sie sollen selber nicht Partei ergreifen, aber doch gut beobachten, wo sich Geschwister auch wehtun und sich gegenseitig schaden. Die Rivalität der Geschwister ist immer auch eine Herausforderung der Eltern, die Kinder gerecht zu erziehen. Das wird nie ganz gelingen. Auch wenn die Eltern alle gerecht behandeln wollen, fühlen sich doch manche Geschwister vom Vater oder von der Mutter vernachlässigt und ungerecht behandelt. Es braucht die Sensibilität der Eltern, um möglichst allen Kinder gerecht zu werden.

Jesus erzählt uns ein wichtiges Gleichnis von zwei Brüdern. (Lk 15,11–32) Wir können die zwei Brüder als zwei Seiten in uns verstehen. Wir können aber darin auch eine typische Geschwistergeschichte sehen. Der jüngere Bruder verlangt vom Vater sein Erbe. Er nimmt es und zieht in die Fremde. Er möchte das Leben in vollen Zügen leben. Doch er wird maßlos und landet schließlich bei den Schweinen, in Armut und Schande. Da geht er in sich und kehrt um, lässt von seinem zügellosen Leben und bringt den Mut auf, als Gescheiterter heimzukommen zum Vater. Und der Vater umarmt ihn. Voller Freude über die Rückkehr des verlorenen Sohnes feiert er ein frohes Fest. Doch der ältere Bruder, der daheimgeblieben ist, wird wütend. Er möchte nicht mitfeiern. Er beschwert sich beim Vater, dass er nie mit ihm ein Fest ge-

Kinder führen

feiert hat oder ihm einen Ziegenbock geschenkt hat, damit er mit seinen Freunden feiert. Doch mit diesem heruntergekommenen Sohn feiert er jetzt ein ausgiebiges Fest. Der ältere distanziert sich von seinem jüngeren Bruder. Er ist nicht mehr sein Bruder. Er ist nur noch der Lieblingssohn des Vaters. Doch er möchte mit ihm nichts zu tun haben. Der Vater wirbt auch um den älteren Bruder. »Mein Kind, du bist immer bei mir, und alles, was mein ist, ist auch dein. Aber jetzt müssen wir uns doch freuen und ein Fest feiern; denn dein Bruder war tot und lebt wieder, er war verloren und ist wiedergefunden worden.« (Lk 15,31f.) Es sind zwei ungleiche Söhne: Der eine ist unternehmenslustig und kennt kein Maß. Der andere ist brav und bleibt daheim. Aber er bleibt nicht aus Liebe zum Vater daheim, sondern weil es bequem ist, weil er nicht den Mut hat auszuziehen. Es ist der angepasste Sohn. Der Vater versucht, beide Söhne, den angepassten und den Ausreißer, miteinander zu versöhnen. Aber das Gleichnis sagt nichts darüber aus, ob der Vater mit seinem Versöhnungsversuch Erfolg hatte.

Viele Eltern leiden darunter, dass sich Brüder oder Schwestern nicht verstehen, dass sie sich gegenseitig bekämpfen. Die Eltern möchten Versöhnung bewirken. Aber sie erreichen nichts. Das Gleichnis tröstet sie. Auch dem barmherzigen Vater ist es nicht gelungen. Aber im Gleichnis schwingt die Hoffnung mit, dass auch der ältere, hart gewordene Sohn, sich wieder mit seinem jüngeren Bruder versöhnt. Eltern müssen die Spannung oft aushalten. Sie können nur hoffen, dass sich irgendwann die Feindschaft legt. Sie dürfen sich nicht auf die Seite eines der beiden Brüder schlagen. Sie sollen versuchen, mit jedem im Gespräch zu bleiben. Aber sie dürfen sich auch nicht von einem der Brüder benutzen lassen, um auf den anderen zu schimpfen oder ihn zu verurteilen.

Auch wenn die Eltern alles richtig machen, kann es doch unter Geschwistern Rivalität oder Feindschaft geben. Die Geschwisterkonstellation macht etwas mit dem Sohn oder der Tochter. Das älteste Kind übernimmt oft Verantwortung. Manchmal fühlt es sich auch strenger behandelt als die jüngeren Geschwister. Wenn es drei Geschwister gibt, hat das mittlere Kind es oft schwer. Es ist wie ein Sandwich-Kind, das von beiden Seiten gedrückt wird. Und es gibt das jüngste Kind. Das wird manchmal als Nesthäkchen verwöhnt. Manchmal wird es aber auch nicht genügend ernst genommen. Es ist immer das jüngste Kind und wird auch so behandelt und nicht angemessen wertgeschätzt. Es ist wichtig, dass die Eltern die Geschwisterkonstellation beobachten und versuchen, jedem einzelnen Kind gerecht zu werden. Nötig ist die Tugend der Klugheit, um zu spüren, was jedes Kind braucht.

* * *

Anselm Grün: Welche Erfahrungen hast du als Mutter mit der Geschwisterkonstellation? Und welche Weisheit gibt es in China für den Umgang mit der Verschiedenheit der Geschwister?

Hsin-Ju Wu: Die Eltern spielen eine entscheidende Rolle in der Beziehung zwischen den Geschwistern. Wenn die Eltern nicht gerecht mit ihren Kindern umgehen, wird die Beziehung zwischen den Geschwistern auch zerstört. Rebekka bevorzugt Jakob. Also können die beiden Brüder Esau und Jakob nicht miteinander umgehen. Sie werden einander zum Feind. Bei meiner Freundin ist es ähnlich. Sie hat zwei Söhne. Die Brüder können nicht gut miteinander auskommen, weil beide die Unklarheit und innere Zerrissenheit ihrer Eltern mitbekommen. Weil die Mutter den jüngeren Bruder bevorzugt, ist der ältere Sohn aggressiv gegen die Mutter und zugleich gegenüber dem jüngeren Bruder. Die Eltern sollten ihre Kinder ganz offen ihr Gefühl ausdrücken lassen, wenn sie sich ungerecht behandelt fühlen. Aber dann sollten sie diese Gefühle sofort klären. Die negativen Gefühle der Kinder sollten sofort im Augenblick, da sie geäußert werden, behandelt werden. Denn sonst verdrängen die Kinder ihre Gefühle ins Unbewusste und dann werden sie die Gefühle in ihrem Verhalten ausdrücken, ohne dass sie sich ihrer Gefühle wirklich bewusst sind.

Wenn man als Kind das Gefühl hat, zu kurz gekommen zu sein und bei seinen Eltern eine ungerechte Behandlung der Geschwister erlebt hat, dann ist es unsere Aufgabe, diese negativen Gefühle loszulassen. Ich muss betrauern, dass ich mich ungerecht behandelt gefühlt habe. Nur so kann sich dieses Gefühl wandeln. Wenn das Gefühl aber nicht betrauert worden ist, dann wird man als Vater oder Mutter unbewusst das Kind bevorzugen, das in seiner Leistung besser ist oder das braver ist als andere. Man möchte seine eigene Unzufriedenheit durch die Leistung des stärkeren Kindes kompensieren und man möchte seinen Mangel an Liebe durch die Bravheit des anderen Kindes ausgleichen. Dann entsteht ein Teufelskreis. Man gibt die Wunden aus der Herkunftsfamilie weiter. Wenn ich mich den Wunden meiner eigenen Kindheit stelle, werde ich besonders sensibel mit meinen Kindern umgehen und gut darauf achten, dass ich mich jedem Kind zuwende und jedem das gebe, was es braucht. Ein gutes Beispiel dafür ist für mich mein Schwiegervater. Er wurde als Kind adoptiert. Er wurde also von seinen wirklichen Eltern nicht gut behandelt. Doch er hat diesen Schmerz, von seinen Eltern verlassen worden zu sein, den Mangel an Liebe, angeschaut und sich damit ausgesöhnt. Auf diese Weise hat er den Schmerz in Kraft verwandelt. Er hat dann als Vater sehr darauf geachtet, seine drei Kinder gerecht zu erziehen. Er wollte nicht, dass seine Kinder wegen seiner eigenen ungerechten Behandlung leiden müssen.

* * *

Hsin-Ju Wu: Ihr seid sieben Geschwister. Wie sieht die Beziehung zwischen diesen sieben Geschwistern aus?

Anselm Grün: Ich bin sehr froh, dass wir sieben Geschwister uns gut verstehen. Natürlich gibt es auch unterschiedliche Beziehungen bei uns. Mit manchen Geschwistern versteht man sich besser. Aber wir freuen uns immer, wenn wir alle zusammen sind. Und wir haben nicht den Eindruck, dass wir von unseren Eltern ungerecht behandelt worden sind. Wir haben die Eltern unterschiedlich erlebt. Bei den beiden älteren Geschwistern waren die Eltern sicher etwas strenger als bei uns jüngeren. Aber das ist normal. Die Eltern lernen mit jedem Kind mehr Gelassenheit. Wir sind dankbar, dass in unseren Gesprächen die guten Erinnerungen an die Eltern zur Sprache kommen und nicht die unterschiedliche Behandlung der Kinder.

9. Beziehung wachsen lassen und den Kontakt zu den Kindern pflegen

Auch das Gespräch Jesu mit der Samariterin am Jakobsbrunnen ist ein schönes Bild für Erziehung. Jesus erzieht die Frau ganz behutsam. Er nimmt mit ihr Kontakt auf, indem er ihr sein eigenes Bedürfnis nach Wasser mitteilt. Er überspringt damit die Grenze, die sonst zwischen Juden und Samaritern besteht. Denn die beiden Völker meiden jeden Kontakt miteinander. Und es ist auch nicht üblich, dass ein Mann eine Frau so offen anspricht, wie Jesus das mit der Samariterin tut. Jesus führt nun das Gespräch auf einmal auf eine andere Ebene. Er spricht von dem lebendigen Wasser, das er der Frau geben könnte, wenn sie ihn darum bittet. Sie bittet ihn darum. Jetzt ist eine lebendige Beziehung gewachsen zwischen Jesus und der Frau. Und Jesus kann sie nun bitten, ihren Mann zu holen. Dabei stellt sich heraus, dass sie schon fünf Männer gehabt hat und auch der sechste nicht ihr eigentlicher Mann ist. Jesus macht der Frau keine Vorwürfe. Er weist sie vielmehr hin auf ihre Sehnsucht, die sie bisher mit den sechs Männern gestillt hat. Doch jetzt begegnet sie in Jesus einem Mann, der ganz anders ist, der ihr Herz berührt, weil er über das spricht, was sie in ihrem tiefsten Herzen bewegt. Und sie sprechen auf einmal über Anbetung, über die Weise des Betens, in der man sich selbst vergisst, um ganz in Gott aufzugehen. In der Anbetung gipfelt die Sehnsucht der Frau nach dem Mann. Denn erst in der Anbetung kann sie sich so hingeben, dass sie ganz eins wird mit sich selbst und mit Gott, dem Grund ihres Lebens.

Hsin-Ju Wu: Ich erkenne in diesem Gespräch vier Schritte für die Erziehung: Der *erste* Schritt besteht darin, dass Jesus der Samariterin seinen Durst zeigt. Die Eltern sollen den Kindern zuerst ihre eigenen Schwächen zeigen, um Vertrauen und Verbindung zu ihnen aufzubauen. Wenn die Eltern den Kindern von den eigenen Schwächen und früheren Fehlern erzählen, können sie Solidarität zu ihnen aufbauen. Und die Kinder bekommen Vertrauen zu den Eltern und können aus deren Fehlern für sich selber lernen. Der *zweite* Schritt: Weil die Eltern um ihren eigenen Mangel wissen und ihn zugeben, können sie die Kinder auf ihre Fehler hinweisen. *Drittens*: Wenn man offen über die Fehler spricht, findet man auch Wege zu einer Korrektur. Ich muss nicht immer den alten Fehlern verhaftet bleiben. Es kann sich in mir etwas wandeln. *Viertens:* Wenn auf diese Weise Vertrauen zwischen Eltern und Kindern gewachsen ist, können die Kinder ihre eigenen Fehler in Demut eingestehen und zugleich neue Möglichkeiten für sich selbst entdecken und erschließen.

Einmal hat meine Tochter mit ihrer Freundin gestritten, sie war richtiggehend wütend auf sie. Ich fragte sie dann, ob ihr die Freundin wichtig sei. Sie meinte, ja, sie sei ihre beste Freundin. Da riet ich ihr, sich zu entschuldigen, damit die Freundschaft weitergehen könne. Und ich erzählte von mir selbst, dass ich mich mit 15 Jahren mit meiner besten Freundin gestritten hatte. Weder sie noch ich haben uns entschuldigt. Und so ist die Freundschaft auseinandergegangen und wir haben bis heute keinen Kontakt mehr. Ich sagte ihr, eine Entschuldigung sei doch leichter als lebenslange Schuldgefühle, dass man eine Freundschaft aufgegeben hat. Daraufhin hat meine Tochter sich tatsächlich bei ihrer Freundin entschuldigt und die Freundin hat sich auch entschuldigt. Nachher waren beide ganz glücklich.

10. Kindern den Rücken stärken und sie zu aufrechten Menschen machen

Ein schönes Bild dafür, was Erziehung anstreben und bewirken kann, ist die Geschichte von der Heilung der Frau mit dem gekrümmten Rücken. (Lk 13,10–17) Da ist eine Frau, die frustriert ist, die sich hängen lässt, die keine Lust hat am Leben. Sie steht für die Null-Bock-Generation. Man lässt sich hängen, fühlt sich vom Leben überfordert. Man kreist nur um sich selbst. Diese Kinder haben kein Rückgrat, niemanden, der ihnen den Rücken stärkt. So gehen sie gebeugt durchs Leben, schauen nur vor sich hin auf den Boden. Sie haben die Perspektive für die Zukunft verloren.

Jesus heilt die gekrümmte Frau in vier Schritten. Er sieht sie an und schenkt ihr damit Ansehen. Kinder wollen gesehen werden. Dann spricht Jesus die Frau an. Er redet nicht auf sie ein, er belehrt sie nicht, sondern er spricht auf gleicher Augenhöhe mit ihr, dass es ein Gespräch geben kann. Dann spricht er das Positive an. Er spricht ihr zu, dass sie heil und ganz ist, dass sie eine unantastbare Würde hat. Und dann legt er ihr die Hände auf. Er berührt sie, damit sie mit sich selbst und ihrer Würde in Berührung kommt. Und weil sie jetzt sich selbst spürt, kann sie sich aufrichten.

Das ist für uns ein schönes Bild für Erziehung. Wir erziehen unsere Kinder dann richtig, wenn sie aufrecht durch das Leben gehen. Wenn sie sich hängen lassen und gebeugt ihren Weg gehen, dann müssen sie andere unterdrücken und klein machen. Wenn sie aufrecht durch das Leben gehen, werden sie auch andere aufrichten. Damit sie aufrecht durch das Leben gehen, ist es wichtig, sie so zu sehen, wie sie wirklich sind, ihnen den Rücken zu stärken und in Berührung mit ihnen zu sein. Nur wenn ich mit ihnen in Berührung bin, kommen sie mit sich selbst in Berührung. Und wenn sie sich selbst spüren, dann richten sie sich auch auf. Das Sich-Hängenlassen ist oft Ausdruck der eigenen inneren Beziehungslosigkeit: Weil sie mit sich nicht in Beziehung sind, lassen sie sich einfach nur hängen. Es braucht die Atmosphäre von Vertrauen und Zutrauen, damit die Kinder sich aufrichten.

* * *

Hsin-Ju Wu: P. Anselm, wie hast Du persönlich die Erfahrung des Aufgerichtetseins gemacht?

Anselm Grün: Ich habe vier Jahre in Rom studiert. In den Ferien kam ein argentinischer Mitbruder einmal für ein

Kinder führen

paar Tage in unsere Familie nach München. Mein Vater konnte kein Wort Italienisch oder Spanisch. Und der Mitbruder konnte nicht deutsch sprechen. Dennoch sagte er mir beim Abschied: »Bei deinem Vater fühlt man sich geachtet.« Das hat mich sehr berührt. Mein Vater hat immer Ausländer geachtet und sich für sie interessiert. Aber diese Achtung galt auch seinen Kindern. Wir fühlten uns von ihm gesehen, angesprochen und geachtet. Er hat jedes Kind in seiner Eigenart angenommen. Das hat uns aufgerichtet.

Anselm Grün: Du hast Deine Kinder auch aufgerichtet. Das habe ich immer gespürt, wenn ich ihnen begegnet bin. Was hat Dir dabei geholfen und welche Bilder haben Dich dabei begleitet?

Hsin-Ju Wu: Für das, was Erziehung bedeutet, habe ich in dieser Geschichte von der gekrümmten Frau ein schönes Bild erkannt. Um mit der gekrümmten Frau auf gleicher Augenhöhe zu sprechen und sie aufzurichten, muss Jesus sich zu ihr herabbeugen. Wenn wir als Eltern die Kinder aufrichten, sollten wir uns zuerst demütig vor ihnen verneigen und uns in die gekrümmten Kinder einfühlen. Dann sollten wir ihnen mit unserer elterlichen Ausstrahlung Vertrauen schenken, ihnen wie Jesus sagen: Du bist gesund, du hast Kraft in Dir, du hast viele Fähigkeiten. Ein anderes Bild in dieser Geschichte ist mir wichtig. Jesus hat die Frau nicht mit Macht nach oben gezogen, sondern sie zärtlich und einfühlsam berührt und sie ermutigt, dass sie sich selber aufrichtet. Manchmal wollen die Eltern ihre Kinder mit Gewalt aufrichten. Es gibt eine bekannte chinesische Geschichte von Mengzi, dem bedeutendsten Nachfolger des Konfuzius. Diese Geschichte wird in der chinesischen Erziehungslehre immer wieder zitiert. Ein Bauer wollte die Reispflanzen schneller wachsen lassen und in seiner Ungeduld zog er alle Reiskeime nach oben. Als er am nächsten Tag aufs Feld kam, entdeckte er, dass alle Keime abgestorben waren. Die »Moral« dieser Geschichte: Wenn ich die Keime oder Anlagen der Kinder zu schnell und zu gewaltsam nach oben ziehen will, werden die Kinder dabei eingehen.

III.

ANREGUNGEN AUS DER REGEL BENEDIKTS

Die Regel des hl. Benedikt war im Mittelalter nicht nur Leitlinie für die Benediktiner-Mönche. Sie wurde auch als Erziehungsbuch für die Fürstensöhne herangezogen. Daher ist es legitim, wenn wir im Folgenden sie als Erziehungsbuch lesen und danach fragen, was sie unter diesem Hinblick noch heute zu sagen hat. Dabei werden wir beginnen mit den Eigenschaften, die Benedikt vom Cellerar, also dem für das Kloster wirtschaftlich verantwortlichen Mönch, fordert: Er soll weise und von reifem Charakter sein, nüchtern, nicht maßlos im Essen, weder überheblich noch stürmisch, nicht verletzend, nicht langsam, nicht verschwenderisch. Und die positive Eigenschaft fasst er in der Haltung der Gottesfurcht zusammen. All diese genannten Merkmale könnte man durchaus auch als Eigenschaften des Erziehers, des Vaters oder der Mutter deuten. Kein Vater und keine Mutter wird diese Eigenschaften schon alle verwirklichen, sobald ein Kind geboren wird. Aber Benedikt gibt *Ziele* und Richtungen an. Es sind durchaus auch Ziele, die zeigen, wie die Eltern sich selbst entwickeln sollten, damit sie gute Väter und Mütter werden.

1. Von den Eigenschaften des Erziehers und den Zielen der Erziehung

Sei weise, sieh in den Spiegel, den die Kinder dir vorhalten

Die erste Eigenschaft, die Benedikt fordert, ist die Weisheit. Im Lateinischen heißt das: »sapientia«. Und dieses Wort kommt, wie bereits erwähnt, von »sapere« = schmecken. Weise ist also einer, der einen guten Geschmack hat, von dem auch ein guter Geschmack ausgeht. Er schmeckt sich selber. Er nimmt sich selber an. Weise sein heißt auch: ehrlich sich selbst begegnen. Die Erzieher brauchen die Bereitschaft, sich selbst zu erkennen. Denn ihre Kinder werden ihnen ihre eigenen Schattenseiten aufdecken. Das erleben wir häufig: Wenn ein Vater sehr erfolgreich ist, dann lebt der Sohn oft das Gegenteil. Er verweigert die Leistung. Er deckt dem Vater dann seine Schattenseite auf, dass hinter seiner Leistung auch die Angst vor der eigenen Minderwertigkeit steckt. Der Sohn lebt dann die minderwertige Seite, die der Vater verdrängt hat. Oder wenn die Eltern betont freundlich sind im Umgang mit den Menschen, leben die Kinder oft eine eher freche und provozierende Seite. Es ist wichtig, dass die Eltern immer wieder in den Spiegel schauen, den ihnen die Kinder vorhalten. Oft jedoch reagieren die Eltern mit Härte, wenn sie in den Kindern Seiten sehen, die sie in sich selbst verdrängt haben und daher gar nicht gerne wahrnehmen möchten.

Reifwerden durch Beziehung und Liebe ist ein lebenslanger Prozess

Das lateinische Wort für reif ist »maturus«. Es wird für die Frucht gebraucht, die reif geworden ist, aber auch für die richtige Beschaffenheit, die ein Mensch hat, und es meint den richtigen Zeitpunkt, die angenehme Zeit. Reifwerden ist ein lebenslanger Prozess. In uns reift die Frucht heran, die andere nährt. So sehe ich in diesem Wort vor allem die nährende Wirkung der Eltern. Was die Kinder vor allem nährt, ist die Liebe der Eltern. Nur Befehle zu geben, nährt die Kinder nicht. Und nur die äußere Sorge für das Essen und die Kleider und die Ausbildung ist zu wenig an Nahrung. Die Kinder brauchen die Liebe der Eltern. Doch diese Liebe muss erfahrbar werden auch in der zeitlichen Zuwendung der Eltern. Psychologen meinen, dass ADHS – die krankhafte Unruhe des Kindes – häufig damit zu tun hat, dass das Kind die wichtigsten Schritte seiner Entwicklung nicht unter den Augen der Eltern vollzieht, dass die Eltern zu wenig präsent sind bei den wichtigsten Lernschritten des Kindes. Liebe braucht daher vor allem Beziehung. Das Kind braucht in allem die Bezogenheit zu den Eltern. Es braucht nicht nur die Zusage, dass die Eltern das Kind lieben. Es braucht auch die zeitliche Zuwendung der Eltern, damit es unter den liebenden Augen der Eltern die Schritte ins Leben lernt. Wenn Kinder diese zeitliche und emotionale Zuwendung finden, ist das die beste Basis der Erziehung. Das hat Amy Chua, die »Tigermuter«, übrigens in hohem Maß ihren Töchtern gegeben. Und das haben ihr die Töchter auch gedankt. Die Töchter sind in der

Auseinandersetzung mit der Mutter gereift, reif geworden, »maturus«.

Nüchternheit und Fähigkeit zu klarer Unterscheidung bringen auch Kinder zur Klarheit

Benedikt verlangt, dass jemand der führt, »nüchtern« sei. Das lateinische Wort »sobrius« bezeichnet den Menschen, der nicht betrunken ist und der nur mäßig trinkt, und zugleich den, der vernünftig und besonnen ist. Er sieht die Dinge so, wie sie sind. In der Erziehung meint die Nüchternheit nicht, dass die Eltern keine Emotionen zeigen. Denn die Kinder brauchen die Emotionen der Eltern. Nüchternheit meint vielmehr, dass die Eltern klar unterscheiden können, was im Kind abläuft. Sie erkennen, dass manche Verhaltensweisen des Kindes nicht gegen die Eltern gerichtet sind, sondern oft die innere Unruhe und Unzufriedenheit des Kindes widerspiegeln, oft auch die Unfähigkeit, die eigene innere Entwicklung anzunehmen und angemessen zum Ausdruck zu bringen. Die Eltern schauen die Kinder nicht »betrunken« an, nicht durch die Brille ihrer Empfindlichkeit, aber auch nicht durch eine rosarote Brille, sondern so, wie die Kinder sind. Sie erschrecken nicht, wenn die Kinder Probleme haben. Sie halten das für ganz normale Entwicklungsschritte. Manche Eltern geraten in Panik, wenn die Kinder manchmal Dinge äußern oder tun, die unvernünftig sind. Da wäre es gut, nüchtern hinzuschauen, was da gerade abläuft. Die Nüchternheit bringt auch die Kinder zur Klarheit. Psychologen sagen, dass in den Familien häufig eine unklare Kommunikation läuft. Da werden die

Kinder führen

eigenen Gefühle nicht wirklich geäußert, sondern hinter allen möglichen Verhaltensweisen verborgen. Das schafft dann oft für die Kinder einen Nebel, in dem sie nicht durchblicken und nicht mehr wissen, wie der Weg weiter geht. Da sehnen sich die Kinder nach dem nüchternen Blick der Eltern, die ihnen auch in Krisensituationen einen Weg durch den Nebel weisen.

Nicht maßlos sein im Essen

Übertragen vom Cellerar auf die Eltern heißt das: Benedikt meint nicht, dass die Eltern nicht gerne essen sollen. Sie sollen die Mahlzeiten genießen. Aber wenn die Eltern maßlos essen, dann spüren die Kinder leicht, dass die Eltern selber bedürftig sind. Sie sind nicht so beherrscht, wie sie es vom Kind erwarten. Sie können ihre eigenen Bedürfnisse nicht steuern. Und manchmal ist das Zu-viel-Essen ein Sich-satt-Machen, um den andern nicht spüren zu können. Die Kinder spüren, dass der Vater, der zu viel gegessen und getrunken hat, nicht offen ist für sie. Er hat nur mit sich selbst zu tun. Er hat die Beziehung zu ihnen abgebrochen. Das angemessene Essen ist Ausdruck von guter Beziehung. Daher gehört die Mahlzeit zur Kultur der Familie. Das deutsche Wort »Mahl« kommt von »Mal«, das den richtigen Zeitpunkt meint, eine gut abgemessene Zeit. Mal hat die gleiche Wurzel wie »medicus« = Arzt. Der Arzt ist der klug ermessende weise Ratgeber. Das Mahl der Familie ist etwas Heilsames für die Familie. Jeder bekommt da auch seine Zeit zum Sprechen. Und die Familie genießt gemeinsam die Gaben Gottes. Wenn wir gemeinsam essen, dann haben wir normalerweise auch das richtige Maß – Maß gehört auch zur Wurzel von Mal und Mahlzeit. Wer maßlos ist, der ist nur auf sich selbst fixiert. Er nimmt die anderen gar nicht mehr wahr. Die Kinder spüren dann, dass die Eltern sich im maßlosen Essen von ihnen abwenden, dass sie ihnen die Aufmerksamkeit entziehen.

Noch schlimmer wäre es, wenn die Kinder solches Verhalten auch nachmachen. Dann können die Kinder sich selbst nicht kontrollieren. Das führt dazu, dass sie auch in anderen Bereichen keine Selbstdisziplin haben.

Nicht überheblich sein und den Kindern Mut machen

Die Eltern sind natürlich in der Entwicklung weiter als das Kind. Sie wissen mehr als das Kind. Aber wenn die Eltern ihr Wissen und Können ständig herausstellen, dann entmutigen sie die Kinder. Dann vermitteln sie den Kindern das Gefühl, dass sie überhaupt nichts wissen. Es kommt darauf an, dass die Eltern ihr Wissen und Können in aller Demut vermitteln. Sie sollen den Kindern Mut machen, etwas zu lernen, aber ihnen niemals das Gefühl geben, dass sie zu dumm sind, etwas zu lernen. Ungeduldige Väter und Mütter sind oft in Gefahr, mit ihrem eigenen Wissen und Können anzugeben und dabei den Kindern das Gefühl zu vermitteln, dass sie dumm sind und vieles nicht verstehen. Es kommt darauf an, in den Kindern die Lust am Lernen zu wecken. Aber diese Lust am Wissen vermittle ich nur, wenn ich selber nicht überheblich bin und mich über die Kinder stelle. Ich gehe mit ihnen einen Weg, damit wir gemeinsam Neues entdecken.

Nicht stürmisch sein, sondern Kindern Geborgenheit und Ruhe geben

Das lateinische Wort »turbulentus« meint: unruhig, stürmisch, voller Unruhe, verwirrt und Unruhe erregend. Die Kinder brauchen die Ruhe der Eltern, um aus ihren eigenen inneren Beunruhigungen zur Ruhe zu finden. Wenn die Eltern innerlich zerrissen sind und verwirrt, wenn sie um sich herum nur Unruhe verbreiten, dann tut das den Kindern nicht gut. Sie wissen nicht, woran sie sind. Kinder brauchen Sicherheit, Geborgenheit und Ruhe. Die Unruhe nimmt ihnen die Heimat. Sie spüren die Unruhe der Eltern und werden dann selbst oft unruhig. Sie können nicht bei der Sache sein. Kinder suchen nach Orientierung. Bei verwirrten und unruhigen und hektischen Eltern finden sie keine Orientierung. Sie werden selbst verwirrt. Sie wissen nicht, was in ihnen abläuft. Sie bekommen keinen Boden unter den Füßen. Sie können nicht in sich selber ruhen und finden nicht zur eigenen Mitte, in der sie ganz sie selber sind und bei sich selbst ausruhen können.

Nicht verletzend sein, sondern den Kindern gerecht werden

Oft geben Eltern die Verletzungen, die sie als Kinder erlebt haben, an ihre eigenen Kinder weiter. Sie möchten zwar die Kinder besser erziehen, als ihre Eltern das getan haben. Aber wenn sie sich den Verletzungen ihrer Kindheit nicht stellen und sich nicht damit aussöhnen, dann verletzen sie unbewusst ihre Kinder genauso. Viele Eltern erschrecken dann, dass sie die gleichen Worte ihren Kindern sagen, unter denen sie selbst als Kind gelitten haben. Daher ist es ständige Aufgabe der Eltern, sich mit der eigenen Geschichte auszusöhnen. Und gerade der Umgang mit ihren Kindern hält ihnen ständig den Spiegel vor Augen, in dem sie sich selbst als Kind sehen und erkennen können. In diesem Spiegel sehen sie die eigenen Verletzungen in der Kindheit. Keiner ist schon völlig ausgesöhnt mit seiner eigenen Lebensgeschichte. Für die Eltern ist ihre Aufgabe als Erzieher eine permanente spirituelle Herausforderung. Sie sollen sich immer wieder ehrlich mit ihren eigenen Verletzungen auseinandersetzen und sich damit aussöhnen. Dann werden sie auch ihre Kinder nicht verletzen.

Benedikt benutzt hier das lateinische Wort »non iniuriosus«, das auch bedeutet: nicht ungerecht sein. Die Eltern verletzen die Kinder, wenn sie sie ungerecht behandeln, wenn sie ein Kind dem anderen vorziehen, oder wenn sie dem Kind nicht gerecht werden. Sie projizieren dann ihre eigenen Probleme in die Kinder hinein. Alle Eltern bemühen sich, ihre Kinder gerecht zu erziehen. Aber oft fühlen sich Kinder trotzdem ungerecht behandelt. Sie haben das Gefühl, dass ihr Bruder oder ihre Schwester ihnen vorgezogen wird. Die Eltern sollten sich bemühen, die Kinder gerecht zu erziehen und jedem einzelnen gerecht zu werden.

Nicht langsam sein, aber auch nicht hektisch

Die Kunst des Führens schließt die Kunst des rechten Zeitmaßes ein. Das lateinische Wort »tardus« meint einen

Menschen, der langsam ist, umständlich, zögerlich. Er ist langsam im Denken und im Entscheiden. Die Kinder wollen keine hektischen Eltern. Aber sie wollen auch keine Eltern, die sich nie entscheiden können, die zu lange brauchen, um etwas zu erkennen, denen auch die Arbeit nicht von der Hand geht. Aber vor allem wollen Kinder eine schnelle Entscheidung oder eine schnelle, unmittelbare Antwort, wenn sie etwas fragen, etwas wissen wollen oder wenn sie einen Wunsch äußern. Dann würde sie es nerven, wenn die Eltern zu lange überlegen oder sich erst noch besprechen müssen. Das Miteinander-Leben verlangt auch eine gewisse Schnelligkeit im Denken, im Entscheiden und im Tun. Kinder haben ein anderes Zeitempfinden als Erwachsene, sie sind oft spontan. Wenn die Eltern zu lange brauchen, auf ihre spontanen Äußerungen einzugehen, dann werden Kinder auch immer weniger spontan ihre Wünsche oder Einfälle äußern.

Nicht verschwenderisch sein, aber großzügig in Zuwendung und Liebe

Manche Eltern beschenken ihre Kinder verschwenderisch. Sie haben kein Maß. Die Kinder spüren, dass das verschwenderische Beschenken oft nur ein Beruhigen des schlechten Gewissens ist, weil die Eltern zu wenig Zeit für die Kinder haben. Anstatt ihnen Zeit zu schenken, anstatt ihnen täglich im Umgang ihre Liebe zu zeigen, nehmen sie dann das Geld oder das Schenken zum Anlass, den Mangel an Liebe auszugleichen. Manche wollen durch Verschwendung die Zuwendung der Kinder erzwingen. Das erleben wir oft bei geschiedenen Ehepaaren. Der Vater kümmert sich kaum um die Kinder. Aber wenn die Kinder bei ihm sind, dann überhäuft er sie mit Geschenken. Dann dürfen sie bei ihm alles. Das gefällt den Kindern natürlich. Aber sie spüren auch, dass hinter der Fassade der Verschwendung das schlechte Gewissen des Vaters steckt. Und sie spüren dann zu wenig den Vater als den, der ihnen Halt gibt und Vertrauen. Die Verschwendung steht für den Mangel an Zuwendung und Liebe.

Gottesfurcht: den Kindern Sicherheit in einem Größeren vermitteln

Nach all den negativ gefassten Eigenschaften fasst Benedikt die positive Eigenschaft von Führungsqualität in dem einen Wort zusammen: gottesfürchtig – »timens deum«. Die Gottesfurcht ist der Anfang der Weisheit, sagt die hl. Schrift. (Ps 111,10 und Sir 1,14) Gottesfurcht bedeutet nicht: Angst vor Gott zu haben. Vielmehr meint es: Gott ernst nehmen, Gott als Gott anerkennen, vor etwas sich verbeugen, was größer ist als ich selbst. Die Kinder erleben am Anfang ihre Eltern als gottgleich. Die Eltern sind groß und können alles. Doch schon bald erkennt das Kind die Grenzen der Eltern. Es entthront die Eltern. Da tut es den Kindern gut, wenn sie spüren, dass die Eltern sich selbst nicht auf den Thron Gottes gesetzt haben, sondern dass sie immer Gott als den anerkennen, vor dem sie sich beugen, dem sie dienen, dem sie sich verpflichtet fühlen. Und es tut den Kindern gut, wenn sie spüren, dass der Gott, auf den die Eltern sie verweisen, all die Eigenschaften hat, die sie in den ersten Monaten an

Kinder führen

den Eltern wahrgenommen haben: Geborgenheit schenken, Verlässlichkeit, Kraft, Allwissenheit, Allmacht. So werden sie in ihren Sehnsüchten nicht enttäuscht. Sie lenken ihre Sehnsucht von ihren Eltern auf Gott hin. Die Eltern mit ihrer Gottesfurcht unterstützen diese Verwandlung ihrer Sehnsucht. Wenn die Eltern dann mit den Kindern beten, fühlen sich beide getragen von Gottes Güte und Liebe. Sie erfahren gemeinsam eine Geborgenheit, die sie trägt, und eine Heimat, die ihnen nicht durch irgendeinen Umzug oder andere äußere Veränderungen genommen werden kann.

* * *

Anselm Grün: Wenn Du von diesen Eigenschaften liest, wie geht es Dir dabei als Mutter? Beschreibt das Überforderungen? Oder sind es Wegweiser für Dich? Welche Eigenschaft ist Dir die wichtigste?

Hsin-Ju Wu: Für mich beschreiben diese Eigenschaften nicht besondere Voraussetzungen für das Elternsein, sondern eine spirituelle Herausforderung für Eltern und Kinder zugleich. Die Eltern sollen sich zum Beispiel bemühen, weise und reif zu sein. Doch zugleich lernen die Eltern durch ihre Kinder diese Weisheit und Reife. Keiner ist schon als junger Vater oder junge Mutter weise und reif. Wenn wir uns aber auf die ehrliche Auseinandersetzung mit den Kindern einlassen, werden wir immer erfahrener und wachsen in der Lebensklugheit. Dann erleben wir auch die Eigenschaften, die Benedikt für den Cellerar und für die Eltern vorsieht, nicht als Belastung, sondern als Chance für unsere eigene Selbstwerdung. Und auch für die Kinder sind diese Eigenschaften eine Herausforderung, innerlich zu wachsen. Wenn sie von den Eltern diese Eigenschaften lernen, dann wachsen sie zu einer reifen Persönlichkeit, dann erlernen sie die Tugenden, die ja von ihrem Wesen her Befähigung zu einem gelingenden Leben sind. Die Tugenden zu erlernen eröffnet den Kindern eine gute Zukunft. Das Wichtigste ist für mich, dass sich Eltern und Kinder gemeinsam einüben in diese Eigenschaften und Tugenden. Dann werden Eltern für die Kinder und die Kinder für die Eltern zu einer Chance persönlicher Entwicklung und Reifung.

2. Von der Erziehung als Dienen

Benedikt versteht Führen als Dienen. Dieses Bild lässt sich auch für die Erziehung fruchtbar machen. Benedikt verwendet das lateinische Wort: »ministrare«. Es bedeutet: bedienen, Speisen und Getränke auftragen, Wein einschenken und darreichen. Es kann dann auch bedeuten: besorgen, handhaben, regieren. Wer den Gästen die Speisen und den Wein reicht, der möchte, dass ihnen das Leben schmeckt. Daher heißt dienen: dem Leben dienen, Leben hervorlocken, Leben wecken. Auf die Erziehung angewandt heißt es daher: in den Kindern das Leben wecken. Das verlangt, dass ich mich in jedes Kind immer wieder hinein meditiere. Was braucht dieses Kind? Was möchte in diesem Kind zum Leben kommen? Was ist das Geheimnis dieses Kindes? Wo beginnt es aufzublühen?

Kinder führen

Wofür kann es sich begeistern? Leben wecken heißt: das Kind für etwas begeistern. Ich darf das Kind durchaus auch für das begeistern, wovon ich selbst begeistert bin. Der Diener preist ja auch den Wein an, der ihm selbst schmeckt. Aber dennoch sollen die Eltern immer beides: ihre eigene Begeisterung weitergeben, aber auch immer wieder sich fragen: Wofür begeistert sich das Kind? Was bewegt das Kind? Wo kommt es ins Fließen?

Anselm Grün: Ich kann mich erinnern, wie mein Vater uns Kinder für die Schönheit der Natur begeistert hat. Er hat uns begeistert den Sternenhimmel erklärt. Er hat uns bei unseren Spaziergängen begeistert von der Schönheit eines Baumes oder einer Blume erzählt. Wir konnten als Kinder dem nicht immer folgen. Aber wir haben seine Begeisterung gespürt. Und die hat uns – jeden auf unterschiedliche Weise – berührt. Daher haben meine Geschwister und ich alle einen Sinn für die Natur. Wir wandern gerne in der Natur. Und ein Bruder erforscht auch begeistert den Sternenhimmel und die Geheimnisse des Weltalls. Die Gehirnforscher sagen uns: Wenn ein Kind sich begeistert für etwas, dann bilden sich in seinem Gehirn Verbindungen, die das Denken und die Energie des Kindes befruchten. Wenn das Kind nur konsumiert, dann bleibt das Gehirn inaktiv. Und es entwickelt keine Fähigkeiten, die durch die Begeisterung in uns hervorgerufen werden.

Hsin-Ju Wu: Heute sind die Möglichkeiten einer technisierten Welt, das Internet und die ständige Beschäftigung mit Computern ein großes Hindernis, um in den Kindern

Leben zu wecken. Die Beschäftigung mit dem Internet ist zu eindimensional und zu passiv. Nur wenn Kinder sich für etwas begeistern können und kreativ spielen, werden sie später sich den Herausforderungen des Lebens stellen und das Leben auf kreative Weise meistern. Natürlich kann auch Technik positiv herausfordernd sein und kreatives Denken fördern. Aber die Beschränkung auf Internet und Computer ist eine Gefahr für die Lebendigkeit, wenn die Dimension des Sozialen und des Natürlichen zu wenig gelebt wird. Daher sollen die Eltern den Zugang zum Internet kontrollieren und mit den Kindern klare Regeln treffen, nicht nur, um ihnen Grenzen zu setzen, sondern vor allem, um für ihre Kinder andere Türen zum Leben öffnen zu können.

Anselm Grün: Das lateinische Wort »ministrare« kommt von »manus« = die Hand. Dienen heißt: den Kindern die Hand reichen. An der Hand des Vaters oder der Mutter kann das Kind dann die wichtigsten Dinge im Leben lernen. Ich erinnere mich noch gut daran, wie unser Vater uns das Schwimmen beigebracht hat. Da er im ersten Weltkrieg bei der Marine war, war das Wasser und das Schwimmen darin für ihn immer etwas Existenzielles. Er hat uns schwimmen gelehrt, indem er seine starke Hand unter uns gehalten hat. Dann haben wir von seiner Hand getragen, die Schwimmbewegungen gemacht. Wenn er gemerkt hat, dass wir von alleine schwimmen können, hat er die Hand weggezogen. Heute lernen Kinder das Schwimmen oft mit Schwimmflügeln. Für mich war die tragende Hand des Vaters eine bessere Motivation, das Schwimmen zu lernen. Wenn ich heute daran zurück-

Kinder führen

denke, dann ist das für mich der Sinn dessen, was »ministrare« bedeutet: die Hand reichen, dem Kind die schützende und bergende Hand geben. Das bedeutet dienen: dass ich jemanden an die Hand nehme, bis er selbst gehen und die wichtigsten Dinge des Lebens selbst in die Hand nehmen kann.

* * *

Hsin-Ju Wu: Wie denkst Du: Dienen die heutigen Eltern ihren Kindern zu sehr, in dem Sinn dass sie ihnen zu schnell alle Wünsche erfüllen? Was ist die Gefahr dabei? Was versteht Benedikt unter dem Dienen des Abtes oder Cellerars?

Anselm Grün: Dienen heißt nicht, den anderen die Verantwortung für ihr Leben abzunehmen. Dienen bedeutet: Leben in den Brüdern – oder für die Eltern: in den Kindern – hervorzulocken. Dienen ist ein Anstoß, damit die Kinder das Leben selbst entdecken und es entfalten. Manche Eltern nehmen den Kindern alle Arbeit ab und erledigen für sie alles Schwierige. Doch dann trauen sie ihren Kindern nicht viel zu. Dienen heißt: den Kindern etwas zutrauen. Ich reiche ihnen die Hand, aber schwimmen müssen sie dann selbst.

3. Vom Umgang mit den Dingen und mit dem Geld

Benedikt fordert vom Cellerar: »Alle Geräte und den ganzen Besitz des Klosters betrachte er als heiliges Altargerät. Nichts darf er vernachlässigen. Er sei weder der Habgier noch der Verschwendung ergeben. Er vergeude nicht das Vermögen des Klosters, sondern tue alles mit Maß und nach Weisung des Abtes.« (RB 31,10–12) Der Umgang mit Geld ist in vielen Familien oft tabuisiert. Man spricht nicht über das Geld. Die Frau weiß oft nicht, wie viel der Mann verdient. Das Gespräch über Geld ist genauso intim wie das über die Sexualität. Manche Ehepaare können sich sogar ehrlicher über ihre Sexualität unterhalten als über das Geld. Genauso wichtig wie für das Ehepaar selbst ist es auch, den Kindern einen guten Umgang mit Geld zu ermöglichen.

Eine Gefahr im Umgang mit dem Geld ist die Verschwendung. In manchen Familien haben die Kinder unbegrenzte Wünsche. Um Ruhe zu haben vor dem ständigen Jammern, erfüllen dann die Eltern oft die Wünsche der Kinder. Doch das tut den Kindern nicht gut. Auch die Kinder brauchen ein Gespür für die Grenzen, die der Familie gerade im Blick auf die Finanzen gestellt sind. Es ist gut, wenn die Kinder früh lernen, selbstständig mit dem Geld umzugehen. Ich kenne Kinder, die voller Begeisterung ihr Taschengeld auf ein Sparbuch tun und ganz stolz sind, wenn das Sparbuch wächst. Das bewahrt sie davor, alles Geld immer sofort auszugeben und dann von den Eltern noch mehr zu verlangen. Kinder sollen verantwortungsvoll mit dem Geld umgehen. Und vor allem sollen sie lernen, sich nicht mit anderen zu vergleichen. Manchmal geben Kinder damit an, wie viel Geld sie von ihren Eltern bekommen. Doch das viele Geld ist oft nur Ersatz für den Mangel an Zuwendung. Da ist es gut, wenn die Eltern ihre finanziellen Grenzen klar aufzeigen.

Die andere Gefahr ist die Habgier. Die Eltern wollen immer noch mehr Geld haben. Das Haus muss immer größer und vornehmer werden. Doch die Habgier wird oft zur Sucht. Und die Habgier zieht die ganze Energie der Eltern auf die finanziellen Dinge. Und diese Energie fehlt dann den Kindern. Manchmal übernehmen die Kinder die Habgier der Eltern. Sie können nie genug haben.

Hsin-Ju Wu: Als Volkswirtin habe ich gelernt, dass die Spannung zwischen den knappen Ressourcen und den unbegrenzten Bedürfnissen eine Herausforderung ist, zwischen den verschiedenen Möglichkeiten abzuwägen. Als Mutter denke ich, dass solche konkreten Methoden auch gut sind für den Umgang mit Geld in der Familie. Bei uns machen wir es so: Wenn die Kinder sich etwas Neues kaufen möchten, das aber nicht unbedingt notwendig ist, dann fragen wir sie: Wenn du nur diese zehn Euro frei verwenden kannst, würdest du lieber das kaufen oder das Geld sparen für andere Dinge? Wenn du das jetzt kaufen möchtest, dann musst du auf andere Dinge verzichten, die den gleichen Preis haben. Auf diese Weise bekommen die Kinder ein Gespür für die begrenzten Ressourcen und für die Grenzen des Geldes.

Und was den Aspekt der Habgier angeht, den Willen, etwas »sofort haben zu wollen: Es gibt ein bekanntes amerikanisches Buch: »Don't Eat the Marshmallow …

Yet!: Das süße Geheimnis von Erfolg«. Darin geht es um eine Untersuchung der Universität Stanford. In den 60er Jahren hat man dort in einem wissenschaftlichen Experiment einigen Kindern gesagt: »Wenn du mit dem Essen des Marshmallows noch ein bisschen warten kannst, bekommst du noch eins!« Diejenigen, die der Versuchung widerstehen konnten, sind im späteren Leben deutlich erfolgreicher geworden als die Kinder, die ihr Marshmallow sofort aßen. D. h. wenn die Kinder lernen, wie sie eigene Bedürfnisse zurückhalten und das Genießen hinauszögern können, werden sie Selbstdisziplin und Entscheidungskompetenz lernen und deshalb wird ihr Leben mehr gelingen.

Wir üben das mit unseren Kindern im Alltag ein, indem wir sie dazu einladen, im Haushalt mitzudenken und bei bestimmten Dingen mitzuentscheiden. Das gab oft Kämpfe, besonders als die Kinder noch klein waren. Kleinkinder sind noch nicht vernünftig, sie sind eher emotional. Aber wenn wir ihnen Zusammenhänge und Konsequenzen erklären, können sie auch lernen, selbst zu denken. Das braucht Zeit und Geduld und ist viel mühsamer als einfach etwas zu verbieten oder zu erlauben. Es ist aber nicht nur eine »Übung in ökonomischem Denken«, sondern auch eine Übung von Ausdauer und der Fähigkeit, etwas auszuhalten. Ein Beispiel: Bei einem kurzen Ausflug wollte meine vierjährige Tochter unbedingt ein Eis kaufen, weil sie andere Kinder mit Eis gesehen hatte. Wir hatten aber vorher schon mit ihr ausgemacht, dass wir erst zu Hause essen wollten. Sie war sehr enttäuscht und ließ uns ihren Ärger spüren. Wir haben mit ihr fast 30 Minuten geredet und sie an unsere Abmachung erinnert, ihr den Nachteil des sofortigen Eisessens klargemacht gegenüber dem Eisgenuss zu Hause (sie kann so viel essen, wie sie will, sie kann ruhig genießen ...). Es war nicht einfach. Ein anderes Beispiel: Mein Sohn wollte, als er sieben wurde, gerne ein großes Eisenbahnmodell als Geburtstagsgeschenk. Aber das war zu teuer. Wir hatten schon früher gemeinsam Kriterien für den Geldwert eines Geschenks entwickelt. Für das Geburtstag gilt: Alter mal 100 (bezogen auf taiwanesische Dollar), Weihnachtsgeschenk: Alter mal 50. Dann haben wir mit ihm Alternativen diskutiert: Entweder bekommt er etwas anderes als Geburtstagsgeschenk im Januar. Oder er kann das dafür vorgesehene Geld sparen und mit dem Weihnachtsgeschenk zusammennehmen (zuzüglich Zinsen!). Unter dieser Voraussetzung war das ersehnte große Eisenbahnmodell möglich. Wir haben lange Zeit über Vor- und Nachteile gesprochen. Konsequenz: Er hat auf das Geburtstaggeschenk verzichtet und bis Weihnachten gewartet (fast ein ganzes Jahr!!!). Als er an Weihnachten überglücklich vor der Eisenbahn stand, haben wir ihn wieder an diese Abwägung erinnert, damit er diese Entscheidung nicht vergisst.

Anselm Grün: Ich bin dankbar, dass wir als Kinder sparsam erzogen worden sind. Nach dem Krieg gab es nicht viel. Meine Mutter sorgte dafür, dass wir bei aller Einfachheit doch gut zu essen hatten. Aber sonst haben uns unsere Eltern zur Sparsamkeit erzogen. Andere Kinder bekamen für gute Noten eine Belohnung. Das gab es bei uns nicht, obwohl wir alle gute Noten hatten, weil wir das Lernen gelernt haben. Im Kloster erlebe ich, dass manche Mitbrüder, die aus armen Verhältnissen kommen, nicht gelernt haben, mit dem Geld gut umzugehen. Sie haben das Gefühl, zu kurz gekommen zu sein. Und das müssen sie dann als Erwachsene nachholen. Es braucht auch hier immer das richtige Maß und den bewussten Umgang mit dem Geld. Dann lernen die Kinder, angemessen damit umzugehen. Ich kenne Erwachsene, die durchaus gut verdienen. Aber das Geld reicht ihnen nie. Sie haben als Kinder nie gelernt, mit dem Geld umzugehen. Geld war tabu in der Familie. Entweder war zu wenig oder zu viel davon vorhanden. Aber die Kinder haben nie gelernt, selbstständig und verantwortungsvoll mit dem Geld umzugehen.

4. Von der Bedeutung und dem Ziel der Disziplin

In Deutschland wurde im Dritten Reich die Disziplin als militärische Tugend überbewertet. Die Reaktion nach dem Krieg und vor allem dann in der 68er-Rebellion war, dass man die Disziplin ganz und gar nicht mehr geschätzt hat. Bernhard Bueb, der jahrelange Leiter des Elite-Internates Salem, hat im Jahre 2008 eine Streitschrift veröffentlicht: »Lob der Disziplin«. Auch dieses Buch hat – ähnlich wie das von Amy Chua – eine heftige Diskussion hervorgerufen. Doch man kann Bernhard Bueb nicht einfach autoritäre Erziehung vorwerfen. Er bringt ein wesentliches Merkmal guter Erziehung wieder in Erinnerung: die Disziplin. Für ihn erwirbt das Kind oder der Jugendliche Freiheit durch Disziplin. Disziplin meint keine Disziplinierung, sondern die Formung des jungen Menschen, damit er sein Leben selbst in die Hand nimmt.

In der Regel Benedikts kommt das Wort »disciplina« häufig vor, gerade auch im Umgang mit den Kindern. So kommt Benedikt im 63. Kapitel auf die Knaben zu sprechen. Da schärft er den Mönchen ein: »Die Knaben aber sollen in allem und von allen zur Ordnung angehalten werden.« (RB 63,9) Im Lateinischen steht hier »disciplina«. Das meint auf der einen Seite die Ordnung des Klosters. Auf der anderen Seite aber bedeutet »Disziplin« auch: sein Leben selber in die Hand nehmen, selber gestalten. Die Kinder sollen also lernen, ihr Leben gut zu ordnen. Die äußere Ordnung ist eine Herausforderung, das eigene Leben in die Hand zu nehmen. Benedikt schließt das Kapitel mit der Mahnung: »Draußen aber und überall sollen sie (Knaben und Jugendliche) beaufsichtigt und zur Ordnung angehalten werden, bis sie das verständige Alter erreichen.« (RB 63,19) Die Kinder brauchen also auch eine äußere Ordnung, damit sie innerlich in Ordnung kommen. Sie sollen sich in die Ordnung einfügen, bis sie lernen, selbst zu entscheiden und ihr Leben selbst zu ordnen.

Im Lateinischen hat das Wort »Disziplin« verschiedene Bedeutungen: Unterricht, Zucht, Erziehung, das, was gelernt wird, die Lebensart, Ordnung im Haus und häusliche Zucht. Die Disziplin hat den Sinn, die Kinder zur Selbstdisziplin zu erziehen. Sie sollen dazu befähigt werden, sich im Leben nicht von ihren Bedürfnissen beherrschen zu lassen. Bernhard Bueb erzählt von einem argentinischen Lehrer in seinem Internat. Er trainierte die Handballmannschaft mit klarer Disziplin. Aber seine Schüler liebten ihn.

Denn sie spürten, dass er sie auch liebte. Die Disziplin war nicht Ausdruck von Menschenverachtung, wie sie es häufig im Dritten Reich war, sondern Ausdruck der Liebe. Er traute seinen Schülern etwas zu. Um Höchstleistungen im Handball zu erreichen, verlangte er im Training äußerste Disziplin. Aber den Schülern machte es Spaß, weil sie spürten, dass sie auf diese Weise wesentlich besser Handball spielten als andere Mannschaften. Zu siegen macht Jugendlichen immer Spaß. Aber um siegen zu können, braucht es auch Disziplin. Die Lateiner haben den Spruch: »per aspera ad astra« – durch Hartes zu den Sternen. Der Weg zu den Sternen führt über die Disziplin harter Arbeit. Bueb schreibt über die Disziplin: »Disziplin ist das ungeliebte Kind der Pädagogik, sie ist aber das Fundament aller Erziehung. Disziplin verkörpert alles, was Menschen verabscheuen: Zwang, Unterordnung, verordneten Verzicht, Triebunterdrückung, Einschränkung des eigenen Willens. Disziplin setzt an die Stelle des Lustprinzips das Leistungsprinzip: Jede Einschränkung ist erlaubt oder sogar geboten, die dem Erreichen eines gesetztes Ziels dient. Disziplin beginnt immer fremdbestimmt und sollte selbstbestimmt enden, aus Disziplin soll immer Selbstdisziplin werden. Disziplin in der Erziehung legitimiert sich nur durch Liebe zu Kindern und Jugendlichen.« (Bueb, S. 17f.)

Auch in der Disziplin geht es immer um das rechte Maß, wie der hl. Benedikt fordert. Disziplin fordert die Kinder und Jugendlichen heraus, dass sie ihre eigenen Kräfte und Fähigkeiten entwickeln. Sie darf jedoch nie dazu führen, dass jemand überfordert wird oder gar gebrochen wird. Daher muss man immer auch die Grenze der Disziplin sehen. Disziplin gibt es aber nicht ohne

Kinder führen

Konsequenzen. Wenn man sich auf eine bestimmte Ordnung geeinigt hat, dann muss ein Verstoß gegen diese Ordnung auch Konsequenzen haben. Aber die Strafe als Konsequenz darf nie willkürlich sein. Sie muss vorher klar vereinbart sein. Dann führt die Strafe nicht zur Angst bei den Kindern, sondern zur Klarheit. Wir wussten im Internat genau, dass Rauchen bestraft wird. Trotzdem probierten wir es aus. Aber wir haben die Strafe nicht als etwas Schlimmes erlebt. Das war eben das Risiko, das wir eingegangen sind. Wenn es keine Strafe gibt, wird das Zusammenleben leicht lasch. Die Strafe übt auf die Schüler ja immer auch einen eigenen Reiz aus. Man probiert das Fehlverhalten, natürlich mit dem Ziel, nicht erwischt zu werden. Aber wenn man erwischt wird, erlebt man die Strafe nicht als ungerecht. Sei stärkt eher das Selbstbewusstsein.

Noch einmal zurück zur Geschichte der »Tigermutter«: Amy Chua hat eine sehr hohe Disziplin von ihren Töchtern erwartet und eingefordert. Aber sie hat selbst dafür sehr viel eingesetzt. Sie war nicht nur immer dabei, wenn ihre Töchter Klavier oder Geige übten. Sie hat sich auch selbst erkundigt, wie man am besten übt. Die Töchter spürten, dass die Disziplin nicht Willkür ist, sondern Ausdruck ihrer Liebe. Ihre Mutter traute ihnen etwas zu. Die Frage, die an ihre Erziehungsmethode zu stellen bleibt, ist nur, ob sie mit dem Zutrauen immer die Töchter im Blick hatte oder ihren eigenen Ehrgeiz. Freilich: Disziplin zu verlangen ist nicht nur eine einseitige Angelegenheit, sondern immer auch für die Eltern eine Herausforderung. Manche entziehen sich dieser Herausforderung, weil es zu anstrengend ist. Kinder merken genau, wie sie die Eltern herumkriegen können. Wenn sie spüren, dass die Eltern eigentlich nicht hinter der Disziplin stehen, dann haben sie leichtes Spiel und die Eltern haben verloren. Es braucht auch Mut, den Kindern etwas zu verbieten und sie dafür zu bestrafen, wenn sie es nicht eingehalten haben. Eine Strafe tut immer auch den Eltern weh. Aber sie ist letztlich Ausdruck ihrer Wertschätzung. Natürlich erlebe ich in Gesprächen mit Erwachsenen auch, dass sie in ihrer Kindheit Strafen erlebt haben, die der Willkür und übertriebener Härte entsprungen sind. Da war nichts von Liebe zu spüren, sondern von Unbeherrschtheit und Grausamkeit.

Hsin-Ju Wu: Disziplin ist eine große Herausforderung für Kinder *und* Eltern. Denn die Eltern müssen selber Zeit und Kraft dafür einsetzen, wenn sie ihre Kinder Disziplin lehren wollen. Ein Beispiel: Als meine Tochter sechs Jahre alt war, habe ich sie aufgefordert, nach jedem Ausflug einen kurzen Aufsatz zu schreiben, mit einfachen Sätzen und Bildern. Das war auch für mich nicht das reine Vergnügen. Denn ich musste sie mahnen und schließlich auch das Ergebnis korrigieren und mit ihr darüber sprechen. Aber auch wenn mir nach dem Ausflug selber eher nach Ausruhen war, habe ich mich dazu gezwungen, mit ihr gemeinsam an dem Text zu arbeiten. Manchmal hat sie geweint. Aber ich habe nicht lockergelassen und diese Disziplin streng eingehalten. Nach einer gewissen Zeit bekam meine Tochter dann auf einmal Lust, freiwillig, von sich aus zu schreiben. Inzwischen hat sie sogar einen kurzen Roman verfasst. Sie interessiert sich sehr für Lesen und Schreiben. Und sie ist jetzt auch

Kinder führen

diszipliniert in anderen Dingen. Heute besitzt sie eine Sammlung von Aufsätzen, die sie damals geschrieben hat und ist sehr stolz darauf. Einmal hat sie mir für meine strenge Disziplin sogar ausdrücklich gedankt, weil ihr das auch in anderen Bereichen geholfen hat.

Das Ziel der Disziplin ist Freiheit. Philosophisch formuliert: Ich kann, weil ich will, was ich muss. »Ich will«, weil ich Disziplin halten kann. Viele denken, Disziplin sei der Gegensatz von Freiheit. Wenn ein Kind tun will, was es tun muss, dann kann es auch nicht tun, was es nicht tun sollte. Es kann selbst bestimmen und sich nicht von anderen oder von seinen Bedürfnissen bestimmen lassen. Das ist ganz wichtig in dieser pluralistischen Gesellschaft: Weil ich mich kontrollieren kann, kann ich auch entscheiden, was ich will und nicht will. Das gilt auch, aber selbstverständlich nicht nur für die Versuchungen des Internet.

In unserer Familie haben wir eine Abmachung getroffen: Jeder soll sich selbst zwingen, jedes Jahr etwas zu machen, was er nicht von sich aus machen wollte. Wenn er das ein Jahr durchhält, so trainiert er dadurch seine Disziplin, seine Ausdauer, seine Fähigkeit, etwas durchzuhalten und auch unangenehme Situationen zu bestehen. Meine Tochter wollte z. B. nicht gerne schwimmen, als sie in der 3. Klasse war. Dann haben wir abgemacht, dass sie von der 3. bis zur 6. Klasse nach der Schule am Schwimmtraining teilnehmen sollte. Und mit meinem Sohn haben wir vereinbart, dass er jedes Jahr an einem Klavierwettbewerb teilnehmen soll, ganz gleich welchen Platz er dabei belegt. Das hat ihn motiviert, sich darauf vorzubereiten. Und wir haben auch vereinbart, dass beide Kinder in der kirchlichen Gemeinde einmal im Halbjahr im Gottesdienst die Lieder begleiten. Sie wollten das nicht so gerne. Aber es hat ihr Selbstvertrauen gestärkt, auch vor anderen zu spielen. Ich habe meinen Kindern immer gesagt: In unserem Leben gibt es viele »Muss-Situationen«, denen man nicht ausweichen sollte. Wer viele »Ich-muss-Situationen« in »Ich-will-Situationen« verwandeln kann, erfährt Freiheit. Manche Pädagogen vertreten den Standpunkt, wir sollten Kinder immer alles mit »Freude« machen lassen. Aber im Leben kann niemand alles ständig nur mit »Freude« machen und immer nur dem Lustprinzip folgen. Wenn wir die Kinder nach diesem Motto erziehen, werden sie später nur tun wollen, was ihnen gefällt. Damit werden sie auch um die Chance wunderbarer Erfahrungen gebracht, die in der Befriedigung nach überwundenen Schwierigkeiten liegen. Deswegen sollten Kinder auch üben, ein »Muss« ungern zu machen, damit sie später alles »mit Freude« machen können.

5. Von Kindern und Eltern, Alten und Jungen

Benedikt geht davon aus, dass im Kloster Kinder leben. Damals haben Menschen ihre Kinder häufig dem Kloster anvertraut. Benedikt spricht von vornehmen Männern, die ihre Söhne dem Kloster darbringen und anvertrauen. (RB 59) Über den Umgang mit den Kindern schreibt Benedikt an verschiedenen Stellen. Im Kapitel über den Cellerar schreibt er: »Um Kranke, Kinder, Gäste und Arme soll er sich mit großer Sorgfalt kümmern.« (RB 31,9) Kinder werden hier in einem Zug mit den Kranken, Gästen und Armen genannt. Sie brauchen also besondere Sorge. Im 37. Kapitel schreibt Benedikt, dass man für die Alten und Kinder mit barmherziger Rücksicht sorgen solle. »Immer achte man auf ihre Schwäche. Für ihre Nahrung darf die Strenge der Regel keinesfalls gelten. Vielmehr schenke man ihnen Güte und Verständnis; sie dürfen schon vor der festgesetzten Zeit essen.« (RB 37,2f.) Benedikt behandelt die Kinder also nicht wie Erwachsene, die er der Zucht der Regel unterwirft, sondern er nimmt besondere Rücksicht auf sie. Er begegnet ihnen mit Güte und Verständnis.

Und dann spricht Benedikt vom Umgang zwischen Alten und Jungen. »Die Jüngeren sollen die Älteren ehren, die Älteren die Jüngeren lieben.« (RB 63,10) Hier sind nicht nur die Kinder gemeint, sondern auch die jüngeren Mitbrüder. Aber es ist ein guter Grundsatz auch für den Umgang zwischen Eltern und Kindern. Die Eltern sollen die Kinder lieben, auch wenn sie sich nicht immer so verhalten, wie sie es wünschen. Die Kinder sollen erfahren, dass sie bedingungslos geliebt werden. Oft lieben die Eltern ihre Kinder nur unter der Bedingung, dass sie lieb und brav sind, dass sie etwas leisten, dass sie pflegeleicht sind. Doch dann – so sagt der Jesuit Karl Frielingsdorf – entwickeln Kinder Strategien des Überlebens. Sie passen sich an, sagen nie die eigene Meinung, erfüllen alle Erwartungen der Eltern, nur damit sie geliebt werden. Aber das ist kein wirkliches eigenes Leben, sondern nur ein Überleben. Leben finden die Kinder nur, wenn sie von den Eltern die bedingungslose Liebe erfahren. Kinder sollen die Eltern ehren. Das sagt schon das vierte Gebot. Das bedeutet aber nicht, dass Kinder sich nicht auch mit den Eltern auseinandersetzen und auch ihre Schwächen wahrnehmen. Doch die Eltern ehren heißt immer auch: meine eigene Herkunft achten. Letztlich ist das Ehren der Eltern für das, was sie mir geschenkt haben, immer auch ein Weg, mich selbst zu achten und anzunehmen. Wenn ich meine Eltern verachte, verachte ich auch mich selber.

Hsin-Ju Wu: Bei uns in Taiwan gehört es zu den grundlegenden Tugenden, die Eltern zu ehren. Die Eltern haben ja für ihre Kinder viel geopfert und sie haben auch mehr Erfahrung im Leben. Aber die Eltern ehren heißt nicht, dass die Kinder keine eigene Meinung haben dürfen oder immer gehorsam sein müssen. Vielmehr sollen die Kinder lernen, ihre eigene Meinung zu äußern und dabei zugleich die Würde der Eltern und ihre Ehre zu berücksichtigen. Die Eltern ehren heißt aber auch, andere alte Menschen zu ehren. Wer die eigenen Eltern ehrt, lernt auch andere ältere Leute zu ehren. Es gibt eine wichtige chinesische Tugend, wie sie vor allem Mengzi betont hat: Ehre und pflege die eigenen Eltern, aber weite das auch auf andere alte Menschen aus; kümmere dich um die eigenen Kinder, aber übe diese Haltung auch gegenüber anderen Kindern. Das heißt: Wer die eigenen Eltern ehrt, wird auch andere Alte ehren; wer sich um die eigenen Kinder kümmert, wird sich auch um andere Kinder kümmern. Darin besteht der Kern konfuzianischer Ethik: vom einzelnen zur Gesellschaft.

6. Von der Sorge für sich selbst

Benedikt schärft dem Cellerar ein, er solle immer über seine Seele wachen und auch gut für sich selber sorgen. Wenn er es braucht, sollen ihm Helfer gegeben werden, damit er das ihm anvertraute Amt mit innerer Ruhe verwalten kann. (RB 31,8 und 17) Das Ziel der Sorge für sich selbst ist, dass er die innere Ruhe, das seelische Gleichgewicht bewahren kann. Im Lateinischen steht hier: »aequo animo«. Das war das Ziel der stoischen Philosophie, innerlich ausgeglichen zu sein, durch nichts so leicht in Unruhe versetzt zu werden, nicht aus seiner eigenen Mitte herausgerissen zu werden.

Die Eltern müssen immer auch gut für sich sorgen. Sonst werden sie empfindlich. Benedikt empfiehlt dem Cellerar, er solle auf seine Seele achten (»animam suam custodiat«). Er soll auf die Gefühle seiner Seele achten. Wenn er bitter oder hart wird, dann ist es immer eine Einladung, gut auch für sich selber zu sorgen. Eltern erzählen oft, wie die Kinder sie reizen und dann reagieren sie unverhältnismäßig hart. Sie schreien sie an. Danach tut es ihnen wieder leid. Da ist es nötig, gut auf die Seele zu achten. Sie zeigt mir, ob ich innerlich im Gleichgewicht bin oder ob ich gerade schon durch alle möglichen Dinge gereizt oder empfindlich geworden bin. Dann braucht es besondere Achtsamkeit, damit ich nicht beim kleinsten äußeren Anlass aus der Haut fahre und explodiere.

Eltern, die nur für die Kinder da sind, werden oft bitter und hart. Denn die Kinder lohnen es ihnen nicht immer. Vielmehr wollen die Kinder auch mal für sich allein sein.

Auf die eigene Seele achten, das bedeutet für mich: auf

die Aggressionen achten. Aggressionen wollen das Verhältnis von Nähe und Distanz regeln. Wenn ich in mir Aggressionen spüre, dann ist es immer ein Impuls, jetzt für mich zu sorgen. Wenn Eltern die leisen Impulse der aufkommenden Aggression überhören und trotzdem weiter sich für die Kinder verausgaben, dann werden sie irgendwann von ihren Aggressionen beherrscht. Sie schreien dann und haben sich nicht im Griff. Dann gehen sie nicht mit ihren Aggressionen um, sondern die Aggressionen gehen mit ihnen um. Die Gefühle, die in unserer Seele auftauchen, sagen uns, was jetzt für uns gut ist. Wenn ich gut für mich sorge, dann kann ich auch mit den Problemen der Kinder gut umgehen. Dann werde ich nicht durch alles genervt, was die Kinder verkehrt machen.

* * *

Hsin-Ju Wu: Wie können Eltern konkret für sich sorgen. Und: Hast du von deinen eigenen Eltern gelernt, für dich zu sorgen?

Anselm Grün: Jeder Vater, jede Mutter hat ihre eigene Methode, für sich zu sorgen. Mein Vater ging jeden Sonntag nach der Messe zu Fuß nach Maria Eich. Das waren, in der einfachen Strecke, etwa fünf Kilometer. Diese Zeit brauchte er für sich, um zur Ruhe zu kommen und die Sorgen um das Geschäft und die Familie loszulassen. Meine Mutter zog sich immer wieder zurück, um Kreuzworträtsel zu lösen. Wir Kinder wussten, dass wir sie dann nicht stören durften. Es war für uns selbstverständlich, sie da allein zu lassen. Die Sorge der Eltern für sich selbst hat uns alle dazu befähigt, dass auch wir für uns sorgen. Ich brauche immer wieder die Zeit allein in meiner Zelle. Da kann ich meditieren, lesen, schreiben. Die Zeit für mich ist wichtig, damit ich wieder nach außen gehen kann.

7. Von den Möglichkeiten einer spirituellen Familienkultur

Benedikt schließt das Cellerarskapitel mit den Worten: »Zur bestimmten Stunde werde gegeben, was zu geben ist, und erbeten, was zu erbitten ist; denn niemand soll verwirrt und traurig werden im Hause Gottes.« (RB 31,18f.) Im Kloster soll also eine gute Ordnung sein. Die Brüder sollen sich auf den Cellerar verlassen können. Und der Cellerar braucht auch für sich selbst eine gute Ordnung. Er kann nicht rund um die Uhr verfügbar sein. Es sind bestimmte Stunden vorgesehen, in denen etwas erbeten werden darf. Das Ziel dieser klaren Ordnung ist, dass niemand verwirrt oder traurig wird. Es soll also eine gute Stimmung im Kloster herrschen. Das ist gerade dann, wenn das Kloster wirtschaftlich in Schwierigkeiten gerät, nicht immer einfach. Benedikt nennt das Kloster »Haus Gottes«. Für mich ist das ein Bild für die spirituelle Kultur des Klosters. Das Haus Gottes ist ein Haus, in dem nicht ein Abt oder ein Cellerar herrscht, sondern Gott. Das Haus ist den Verwaltern nur anvertraut. Aber es gehört Gott. Im Hause Gottes soll etwas vom Geist

Gottes erfahrbar werden. Und dieser Geist Gottes betrübt nicht, sondern richtet auf, er macht nicht traurig, sondern froh.

Jede Familie hat ihre eigene »Kultur«, ein eigenes Klima des Miteiander. Man spürt es sofort, welche Stimmung in einer Familie herrscht, sobald man dort zu Besuch ist. Man spürt das schon an der Art und Weise, wie die Eltern miteinander sprechen und wie sie mit den Kindern sprechen. Als Gast merkt man sofort, ob der Mann die Frau gar nicht ausreden lässt, sondern sie immer gleich belehrt, oder ob die Frau das Heft in der Hand hat und der Mann nur mitläuft. Und man erkennt an der Art und Weise, wie sie mit den Kindern umgehen, welche Kultur in dieser Familie herrscht. Auf dem Hintergrund der Regel Benedikts ginge es darum, eine spirituelle Familienkultur zu entwickeln.

Ein Aspekt dieser Familienkultur können die Rituale sein. Rituale strukturieren die Familie und geben den Kindern Sicherheit. Das Gute-Nacht-Ritual gibt ihnen die Sicherheit, jeden Abend die Nähe der Mutter oder des Vaters zu spüren. Das nimmt ihnen die Angst vor der Nacht. Rituale, wie der Tag begonnen wird, wie die Mahlzeiten gefeiert werden, geben der Familie ihren Wert. Die Griechen sagen: Weil unser Leben ein Fest ist, feiern wir Rituale. Das Leben der Familie bekommt immer einen Festcharakter, wenn die Familie gute Rituale feiert. Das gilt nicht nur für die Rituale der Feiertage, sondern gerade auch für die Rituale des Alltags. Rituale des Alltags sind: das morgendliche Aufstehen und das Sich-Begrüßen, das gemeinsame Frühstück, die Verabschiedung der Kinder zur Schule. Durch die Rituale wird

Kinder führen

das Leben zu einem Fest. Fest heißt immer: Zustimmung zum Leben. Rituale vermitteln der Familie eine Zustimmung zum Leben. Es lohnt sich zu leben. Das Leben hat eine Form und auch eine innere Schönheit. Und Rituale in der Familie dienen dazu, dass Gefühle geäußert werden, die sonst nicht geäußert werden. Das gilt vor allem für die Rituale etwa des Geburtstags oder Namenstags oder des Hochzeitstags. An solchen Tagen braucht es besondere Rituale, um dem Kind oder dem Partner Worte zu sagen, die sonst während des Jahres kaum über die Lippen kommen.

Ein anderer Aspekt der Familienkultur wird für mich im Rat Benedikts an den Cellerar sichtbar: »Kann er einem Bruder nichts geben, dann schenke er ihm wenigstens ein gutes Wort. Es steht ja geschrieben: ›Ein gutes Wort geht über die beste Gabe.‹« (RB 31,13f.) Welche Kultur in einer Familie herrscht, das wird an der Sprache deutlich, die sie miteinander sprechen. Es gibt Familien, in denen Sprachlosigkeit herrscht. Man hat sich eigentlich nichts zu sagen. Es gibt nur die täglichen Anweisungen und Informationen, aber kein Gespräch, das verbindet. In anderen Familien wird eine aggressive Sprache gesprochen. Da spürt man schon den Befehlston in jedem Wort der Mutter oder des Vaters. Die Kinder brauchen eine Sprache, die aus dem Herzen kommt. Im Deutschen unterscheiden wir zwischen Reden und Sprechen. Reden heißt: Rede und Antwort stehen, etwas begründen, etwas rechtfertigen. Wenn viel geredet wird, entsteht ein Gerede. Wir reden dann gerne über andere und haben alle möglichen Gründe, die anderen zu verurteilen. Sprechen kommt von »bersten«. Es bricht aus mir hervor. Ich spreche persönlich. Nur wenn die Familie miteinander spricht, entsteht ein Gespräch, wird die Familie ein Gespräch. Es entsteht ein Miteinander. Die Griechen unterscheiden zwischen »legein« = reden und »lalein« = sprechen. Das Wort »lalein« ist eine Wortmalerei. Es kommt vom Lallen des Kindes. Das Kind spricht persönlich. Es spricht einfach das aus, was in ihm ist. So könnte die Familie von der Sprache des Kindes lernen, miteinander zu sprechen und so ein Gespräch, eine Gemeinschaft zu werden.

Spiritualität bedeutet für die Eltern, dass sie durch den Heiligen Geist kreativ werden und ein weites Herz für ihre Kinder haben und dass sie sich von den Werten leiten lassen, die ihnen der Glaube vor Augen hält. Für die Kinder bedeutet Spiritualität, dass sie immer mehr das eigene wahre und ursprüngliche Bild finden. In der Beziehung zwischen Eltern und Kindern bedeutet Spiritualität auch, dass beide eine gemeinsame Ausrichtung auf Gott haben, in dem sie geborgen und getragen sind. Erziehung ist also so verstanden nicht in erster Linie eine Leistung der Eltern, sondern das Herausfinden dieses heiligen Ortes, an dem die Eltern inspiriert werden, das Geheimnis des Kindes zu entdecken, und an dem das Kind Heimat und Geborgenheit erfährt und in Berührung kommt mit seinem ursprünglichen und unverfälschten Bild Gottes in sich selbst.

Hsin-Ju Wu: Für mich bedeutet spirituelle Familienkultur, dass die Familie selber ein heiliger Ort ist. Ein heiliger Ort ist ein Ort, an dem ich Gott erfahren kann, aber an dem ich auch ein Gespür für das Heilige im anderen habe.

So gehört für mich zur spirituellen Kultur, dass ich in den Kindern das Heilige sehe, das nicht mir gehört, sondern Gott. Die Kinder sind nicht nur meine Kinder, sondern auch Kinder Gottes. Daher ist es mir wichtig, dass ich meine Kinder immer unter den Segen Gottes stelle. Das entlastet mich von dem Druck, alles selber machen zu müssen. Und es tut den Kindern gut. Sie haben das Gespür, dass sie von Gott gesegnet sind und deshalb die Liebe der Eltern nicht durch Leistung oder Wohlverhalten erkaufen müssen. Das war mir z.B. bei der Aufnahmeprüfung meiner Tochter ein Anliegen: ihr zu vermitteln, dass ich und andere für sie beten und dass wir zu ihr stehen, auch wenn die Prüfung nicht so gut ausfällt. Aber ich habe nicht nur gebetet, sondern auch mit ihr gerungen, dass sie Disziplin beim Lernen hält. Es ist meine Verantwortung, das Potenzial, das in meiner Tochter steckt und das ich in ihr sehe, zu fördern, indem ich sie immer wieder ermutige, begleite und sie herausfordere. Aber anders als die Tigermutter erwarte ich von ihr keine Höchstleistungen.

Spiritualität in der Erziehung zeigt sich in meiner Familie auch ganz konkret in unserem Alltag. Wir lesen vor dem Abendessen immer einen Text aus der Bibel. In der Fastenzeit und Adventszeit lesen wir Texte, die zum Kirchenjahr passen. So wird täglich erfahrbar, dass wir als Familie über uns hinaussehen auf das, was uns wirklich trägt.

Heutzutage ist dieses »wahre Bild« von Kindern besonders wichtig. Ein konkretes Beispiel: Viele Kinder sind daran gewöhnt, ihr eigenes wahres Bild im Internet zu verstecken. Sie verwenden ein PC-Programm, um ihr eigenes Bild zu schönen. Dieses »verschönte« Bild von sich präsentieren sie dann bei Facebook. Doch auf diese Weise können sie keine wirkliche Beziehung zu Menschen und zu ihrem wahren Selbst aufbauen. Sie haben Angst, ihr wahres Bild zu zeigen und zu sehen. Deswegen gehört zur spirituellen Aufgabe der Familie auch, dass die Kinder an diesem heiligen Ort ehrlich mit selbst und mit Menschen umgehen können und dürfen.

Einmal hat die Buchdesignerin unseres Verlages ein Experiment mit ihren beiden Töchtern gemacht. Ihre Töchter waren nicht zufrieden mit ihrem Aussehen. Die Mutter hat nun ein Foto von ihren Töchtern mit dem PC-Programm »Photoshop« geschönt – und zwar nach den Wünschen ihrer Töchter so sehr, dass die beiden sich in dem so entstandenen Bild selbst gar nicht mehr erkennen konnten. Obwohl sie »wunderschön« waren, sind die Töchter sehr erschrocken über das, was sie sahen. Sie haben auf diese Weise erfahren, wie solche Verfälschung entsteht. Dann hat die Mutter ihre Töchter gebeten, ihre wahren Bilder ganz bewusst mit diesen geschönten Bildern zu vergleichen. Die Reaktion der Töchter: »Wir sehen im wahren Bild einen richtigen Menschen mit seinen Schwächen. Das manipulierte Bild stellt keinen Menschen dar, sondern ist eine Illusion. Wenn ein Mensch nur eine Illusion von uns liebt, ist das keine wahre Liebe.« Auf diese Erfahrung hin haben sich beide Mädchen entschlossen, den Bildern im Internet nicht mehr einfach zu glauben. So konnten sie sich annehmen und hatten es nicht mehr nötig, Schönheitsstandards von Stars oder Models zu kopieren, weil sie wussten: Auch die Bilder von Stars können »verfälscht« sein.

Kinder führen

Die spirituelle Dimension der Erziehung bezieht sich für mich nicht nur auf die religiöse Kultur, sondern darauf, wie Eltern sich um die Seele und Gefühle kümmern: bei sich selbst und bei ihren Kindern. Nur so können die Kinder mit sich selbst in Berührung kommen und sich selbst annehmen. Bei uns in Taiwan sind die Kinder in der Regel beim Lernen sehr unter Druck gesetzt. Es gibt viele Prüfungen in der Schule. Deswegen strengen die Eltern sich an, neben der Schule viele Lernprogramme für ihre Kinder zu organisieren. Sie haben keine Zeit und Kraft, sich um die Seele und Gefühle ihrer Kinder zu kümmern. Leistungsorientierung ist das Merkmal heutiger Erziehung. Die Folgen sind oft schrecklich: Im Mai 2014 tötete ein Student in der U-Bahn in Taipei vier Menschen und verletzte weitere 25 mit zwei Messern schwer. Es war der erste Amoklauf eines Studenten in Taiwan. Der Täter sagte nach seiner Verhaftung aus, dass er seit seiner Kindheit schon die starke Motivation spüre, Menschen zu töten, aber nie mit seinen Eltern darüber gesprochen habe. Und die Eltern gaben zu Protokoll, dass ihr Sohn in der Kindheit ganz »normal« und gesund war. Mit dieser »Blindheit« stehen sie nicht allein. Viele Eltern haben die seelischen Probleme ihrer Kinder vernachlässigt. Wenn die Eltern sich auch nicht um die eigene Gefühle und ihre eigene Seele kümmern, werden sie das natürlich auch bei ihren Kindern nicht tun. Der Schaden kann groß sein, für die Einzelnen, aber auch für die Gemeinschaft.

In diesem Zusammenhang können auch die Großeltern eine wichtige Rolle spielen. Die Eltern haben oft zu wenig Zeit, aber die Großeltern haben sie, sie sind gelassener, weiser und sanfter und können ihre Enkelkinder in ihren seelischen Nöten begleiten, sie unterstützen und darin selber einen neuen Sinn in ihrem Leben finden. Ein Beispiel: Einmal hatte meine Tochter sehr schlechte Noten bei einer großen Prüfung bekommen und war sehr verzweifelt. Auch wir Eltern waren natürlich enttäuscht. Als sie die Großeltern besuchte und darüber sprach, sagte ihr der Großvater: »Ich bin jetzt 72. Wenn ich an mein Leben zurückdenke, kann ich mich an keine Prüfung erinnern, die damals wirklich wichtig gewesen wäre. Deine Lebenskraft wird dieses Scheitern wie von selbst wettmachen.« Er hat meiner Tochter damit einen größeren Horizont aufgezeigt – und damit auch ihr Herz geweitet.

Ein anderes Beispiel: Meine Tochter war bei der letzten Aufnahmeprüfung für die Highschool gescheitert. Natürlich war auch ich enttäuscht und traurig. Da meine eigene Mutter mich als eine etwas »leistungsorientierte« Mutter kennt, rief sie mich an und erinnerte mich an ein bestimmtes Versagen in meiner eigenen Schulzeit: »Du bist mit diesem Scheitern doch noch stärker geworden. Es hat dir letztlich gutgetan. Jedes Kind hat seinen eigenen Weg. Rege dich also nicht über deine Tochter auf! Und sei nicht so streng zu dir selbst.« Das half! Die Großmutter konnte mit ihrer Lebenserfahrung und Weisheit eine gute Begleiterin für uns beide, für Mutter und Tochter, sein und zwischen den Generationen vermitteln.

Ein anderer wichtiger Aspekt von Spiritualität in der Erziehung ist für mich, dass Eltern und Kinder eigene Wege des Miteinanders finden. Jede Beziehung zwischen Eltern und Kindern ist einmalig. Niemand sollte andere kopieren. Deswegen sollten Eltern und Kinder auch eigene Bilder ihrer Beziehung entdecken. Spirituelle Familienkultur ist »Kultur« und keine Veranstaltung. Kultur kommt von »kultivieren«. Im Chinesischen bedeutet »kultivieren« auch »Erziehung«. Das Kultivieren von Reis ist da Vorbild. Jedes Reisfeld hat seinen eigenen Charakter und eigene Bedingungen. Und jede Familie hat eine eigene spirituelle Familienkultur, um die Kinder spirituell zu »kultivieren«. Kultivieren ist aber eine langfristige Aufgabe. Man muss schon früh damit anfangen: Je früher desto besser. Denn dann sind die Kinder früher daran gewöhnt. Und ihre Frucht wird besser reifen. Damit eine Frucht gut reifen kann, muss man sie auch reifen lassen. So braucht es in einer guten Erziehung immer auch die Geduld und die Gelassenheit der Eltern. Doch die Eltern können die Kinder umso leichter loslassen und darauf vertrauen, dass sie sich gut weiterentwickeln, wenn sie viel mit den Kindern gesprochen und sie zur Selbstverantwortung erzogen haben. Die Eltern werden gelassen mit den Kindern umgehen, wenn sie spüren, dass die Kinder gut für sich sorgen und verantwortungsvoll mit sich selbst umgehen. Beides gehört zur Erziehung: die Herausforderung und die Gelassenheit.

8. Vom Umgang mit Fehlern und Misserfolg

Der hl. Benedikt mahnt den Abt, dass er mit den Fehlern der Mönche barmherzig und zugleich konsequent umgehen soll. Der Abt soll immer wissen, dass er Arzt für die Kranken und Schwachen ist und nicht Herrscher über Starke. Benedikt rechnet mit ständigen Fehlern der Mönche. Sie sollen die Schwächen ihrer Mitbrüder ertragen und sie sollen einander vergeben, wenn sie sich etwas vorzuwerfen haben. Benedikt zitiert die Bibel, wie Jesus dem verlorenen Schaf nachgeht und wie er mit den Schwachen und Sündern umgeht. Jesus wirft dem Zachäus nicht sein verkehrtes Verhalten vor, sondern traut ihm zu, dass er von sich aus umkehrt. Indem Jesus den Zachäus anschaut und an das Gute in ihm glaubt, ermöglicht er ihm, sein ausbeuterisches Tun zu lassen und umzukehren, ohne sein Gesicht zu verlieren. Weil Zachäus sich angenommen fühlt, beschämt er all die Frommen, weil er nun mehr für die Armen tut als alle anderen zusammen.

In der chinesischen Erziehung hat vor allem der Philosoph Mengzi den richtigen Umgang mit Fehlern und Misserfolg behandelt. Zur richtigen Erziehung gehört es, dass die Kinder lernen, mit Fehlern und Misserfolg umzugehen. Viele Kinder geben auf, wenn sie zu oft Misserfolg gehabt haben. Oder aber sie reagieren auf ihren Misserfolg mit Gewalt und Aggressivität anderen gegenüber. Es gibt ein altes chinesisches Werk, das Weisheiten und Geschichten aus den Jahren 720 bis 470 vor Christus versammelt. In diesem Buch heißt es, dass wir keine Heiligen sind und niemand ohne Fehler ist. Nichts ist größer, als wenn jemand, der einen Fehler gemacht hat, umkehrt und ihn korrigiert. Hier wird eine ähnliche Weisheit verkündet, wie sie uns Jesus in seinem Gleichnis vom verlorenen Schaf ausgedrückt hat. Das Gleichnis schließt mit dem Satz: »Ebenso wird auch im Himmel mehr Freude herrschen über einen einzigen Sünder, der umkehrt, als über neunundneunzig Gerechte, die es nicht nötig haben, umzukehren.« (Lk 15,7)

Wenn wir die Weisheit Jesu, Benedikts und der Weisen aus China auf die Erziehung anwenden, dann heißt das zuerst einmal: Die Eltern sollen den Kindern vermitteln, dass sie sie annehmen, auch wenn sie einen Fehler machen. Ihre Liebe ist nicht davon abhängig, dass sie fehlerlos und immer erfolgreich sind. Die Kinder sollen sich bedingungslos geliebt fühlen und sich die Liebe der Eltern nicht erst dadurch verdienen müssen, dass sie keinen Fehler machen. Denn das würde zu einem verkrampften Verhalten führen und zur dauernden Angst, doch einen Fehler zu machen. Es braucht Vertrauen, damit die Kinder das Leben lernen. Und zum Lernen gehört auch, dass man Fehler macht und Irrwege ausprobiert.

Viele Kinder reagieren auf ihre Fehler entweder mit Angst vor Bestrafung durch die Eltern oder aber auch mit Scham. Sie geben den Fehler nicht gerne zu, versuchen, den Fehler zu verleugnen oder andere dafür verantwortlich zu machen. Manche werden auch aggressiv gegen sich selbst und dann auch gegenüber anderen. Für uns gibt es fünf Schritte, angemessen mit den eigenen Fehlern umzugehen. 1. Den Fehler eingestehen und den Schmerz darüber zulassen, dass mir der Fehler passiert ist. 2. Den Ärger zulassen über den Fehler. Der Ärger kann in Ehrgeiz verwandelt werden, das nächste Mal besser aufzupassen oder sich besser vorzubereiten. 3. Die Ursachen des Fehlers analysieren. Was hat zum Fehler geführt? Was habe ich nicht beachtet? 4. Sich selbst vergeben, dass ich den Fehler gemacht habe, anstatt sich selbst ständig zu beschimpfen. Sich auch mit dem Fehler annehmen. 5. Die Fehler als Lektion für die Zukunft verstehen. Viele haben aus ihren Fehlern mehr gelernt als aus ihren Erfolgen. Bei all diesen fünf Schritten sollten die Eltern die Kinder begleiten und sie nicht mit ihrem Schmerz oder Ärger allein lassen. Sie sollten die Kinder ermutigen, diesen Weg zu gehen. Dann wird der Fehler auch zum Segen werden.

Hsin-Ju Wu: Dazu ein Beispiel von meinem zwölfjährigen Sohn: Bei einem Klavierwettbewerb setzte er sich an das Klavier und stellte den Stuhl zu hoch ein. Er war zu ungestüm, obwohl ich ihn ermahnt hatte, zuerst genau hinzuschauen. Er begann zu spielen, musste aber nach kurzer Zeit unterbrechen und den Fehler korrigieren. Nach dem Vorspiel war er traurig und wollte sofort heim. Ich habe ihn begleitet und wollte mit ihm über den Fehler sprechen. Obwohl er das zunächst nicht wollte, bestand ich darauf. Es war mir wichtig, dass er sofort genau hinschaute. Denn der Schmerz sollte in Kraft verwandelt werden. Wer den Schmerz überspringt, kann keine Kraft daraus ziehen. Ich habe ihn also gefragt, was das Schlimmste an Konsequenzen sein könnte. Er meinte, er würde keinen Preis bekommen. Ich fragte ihn, ob das so schlimm sei. Darauf er: Eigentlich nicht. Und dann fragte ich ihn, was er daraus lernen könnte. Er meinte, er sollte wohl in Zukunft gelassener auf die Bühne gehen und erst einmal sich an das Klavier und den Stuhl gewöhnen, bevor er mit dem Spielen anfängt. Und auf einmal war er wieder fröhlich. Und der Fehler war plötzlich nicht mehr so schlimm. Meine Erfahrung als Mutter ist, dass man mit Kindern sofort über Fehler sprechen sollte, nicht um ihnen einen Vorwurf zu machen, sondern um die Gefühle anzuschauen und den Schmerz in Kraft zu verwandeln, dass die Kinder aus den Fehlern lernen. Die

Kinder sind meistens sehr »vergesslich«. Wenn die Eltern die Fehler und Schmerzen nicht »im Augenblick« behandeln, werden sie alles schnell vergessen und auch aus den Fehlern nichts lernen. Darum geht es: die Kinder auch mit ihren Fehlern anzunehmen. Und die Kinder das auch wissen lassen. Nur wenn die Kinder wissen, dass sie trotz des Fehlers angenommen sind, wollen sie sich verbessern.

Ein anderes Problem ist, dass viele Kinder Angst haben, kritisiert zu werden. Sie können die Kritik von anderen nicht ertragen. Sie haben eine schwache Seele und reagieren sehr empfindlich auf Kritik. Die Tochter einer Mitarbeiterin weigerte sich, weiter einen Malkurs zu besuchen, weil ihre Bilder dort immer auch in der Gruppe diskutiert wurden – und, wie sie meinte: kritisiert werden sollten. Sie hatte aber Angst vor Kritik. Eltern sollten die Kinder also nicht vor Kritik schützen, sondern sie lehren, Kritik als Herausforderung anzunehmen. Die Kinder sollten lernen, wie man Kritik als Motivation verstehen könnte, sich zu verbessern.

Es gibt eine Statistik in Taiwan: 50 Prozent der jungen Leute, die weniger als drei Jahre an der Uni verbracht haben, wechseln ihre Arbeitsstelle innerhalb von drei Jahren wenigstens zweimal. Der Hauptgrund: Sie können die Kritik von anderen (Vorgesetzte, Kollegen und Kolleginnen oder Kundschaft) nicht aushalten. Sie sehen Kritik als »Angriff« oder »Entwertung« an. Meistens waren sie von ihren Eltern zu sehr behütet und verwöhnt worden. Mit Kritik umzugehen gehört also zu den sozialen Fähigkeiten, die schon Kinder einüben und lernen sollten.

Kinder sollten auch lernen, mit Gewinnen und Verlieren umzugehen. In der Gesellschaft gibt es immer Situationen, die mit Gewinnen und Verlieren zu tun haben. Es wäre naiv, den Kindern zu vermitteln, dass es keinen Wettbewerb gibt. Es gibt den Wettbewerb. Aber wichtig ist, mit dem Wettbewerb umzugehen, ohne das Selbstvertrauen und die eigene Identität zu verlieren. Kinder müssen lernen, wie sie mit dem Gefühl des Gewinnens und der Erfahrung des Verlierens umgehen, wie sie sowohl als Gewinner als auch als Verlierer menschlich bestehen können.

IV.

EINÜBUNG IN DIE
SPIRITUELLE ERZIEHUNG

1. Sinneswahrnehmungen kultivieren und üben

Mit Spiritualität verbinden viele etwas rein Geistiges.
Doch Christen glauben an die Inkarnation, also daran,
dass der Geist, das göttliche Wort, ins Fleisch, in den Leib
kommt. Daher gehört zur spirituellen Erziehung auch,
dass die Kinder ihre Sinne schärfen. Heute werden viele
Kinder ruhiggestellt, indem man sie vor den Fernseher
setzt und sie mit Bildern und Musik berieseln lässt. Doch
damit werden ihre Sinne stumpf. Denn zu viele Bilder, die
auf sie einströmen, wecken nicht den Sinn des Schauens,
sondern decken ihn zu. Die Kinder wollen gemeinsam
mit den Eltern ihre Sinne entdecken. Wenn die Kinder
klein sind und die Eltern gemeinsam mit ihnen Bilderbücher anschauen, lernen Kinder, genau hinzusehen und
zu verstehen, was die Bilder meinen. Und die Eltern lassen sich Zeit, die Kinder die Bilder erforschen zu lassen
und sie ihnen zu erklären. Mein Vater hat uns gelehrt, auf
die Schönheit der Blumen und der Bäume zu schauen.
Und er hat uns die Bäume als wunderbare Schöpfung
Gottes erklärt. Und er hat unsere Augen zum Himmel
gelenkt, dass wir den Sternenhimmel betrachten. Dabei
hat er uns die einzelnen Sternbilder erklärt. Heute haben
viele Kinder das Schauen verlernt. Sie sehen nur kurz hin,

aber sie können sich nicht mehr auf das Schauen einlassen. Schauen hat aber etwas mit Kontemplation zu tun. Kontemplation heißt: so schauen, dass ich eins werde mit dem Geschauten. Oder auch: nach innen schauen, das innere Licht schauen.

Hsin-Ju Wu: Als Mutter merke ich, dass die Kinder in dieser von Medien dominierten und durchdrungenen Gesellschaft durch immer neue und immer stärkere Reize angesprochen werden. Wenn sie abhängig von äußeren Erregungen werden, dann sind sie immer weniger fähig, die eigenen Sinne zu verwenden. Sie können das Essen, die Kleidung, das Wohnen und die Bewegung nicht mehr mit ihren Sinnen genießen, weil ihnen alles nur noch funktional wird. Sie brauchen immer stärkere Erregungen, um etwas und sich selbst zu fühlen. Sie brauchen immer intensivere Stimulantien, immer farbigere Bilder, und die Musik muss immer lauter und erregender sein. Sie werden passiver, wollen etwa auch nicht mehr zu Fuß gehen, sondern nur noch mit technischen Verkehrsmitteln. Nur wenn Eltern in der Lage sind, selbst das Leben sinnlich wahrzunehmen, werden sie auch fähig sein, die Sinneswahrnehmung ihrer Kinder zu stärken. Nur so werden sie schließlich ihre Kreativität fördern und ihre Lebendigkeit wecken. Nur lebendige und kreative Kinder sind fähig, die Wunder im Leben zu entdecken und zu spüren. Und nur so lernen sie ein Leben voller Staunen und voller Freude – die Grundlage jeder Spiritualität. Wenn Kinder überall den Walkman ins Ohr stöpseln, wird ihr Hörsinn nicht geschärft. Sie werden zugeschüttet mit ständiger musikalischer Berieselung. Das Hören wird beim Gespräch eingeübt. Die Kinder hören die Stimmen der Eltern. Und sie hören in den ersten Jahren sehr genau, welche Stimmung die Stimme der Eltern gerade zum Ausdruck bringt.

Anselm Grün: Mein Vater hat uns Kinder aufmerksam gemacht auf den Gesang der Vögel. Und er hat uns gelehrt, die verschiedenen Vogelstimmen voneinander zu unterscheiden. Das verlangt ein gutes Hinhören. Wenn mein kleiner Großneffe Musik hört, dann tanzt er dazu. Er lässt sich vom Hören in die Bewegung hineinlocken. Er spürt den Rhythmus der Musik und muss ihn gleich in Bewegung umsetzen. Dabei kann er sich selbst ganz vergessen und ganz in der Bewegung aufgehen.

Auch das Schmecken will gelernt sein. Kinder sagen oft: Das schmeckt mir nicht. Es hat wenig Sinn, den Kindern eine Speise aufzuzwingen, die ihnen nicht schmeckt. Aber Kinder brauchen auch eine Anleitung zum Schmecken. Wenn die Mutter dem Kind den Bissen reicht und ihm dabei zulächelt: »Das schmeckt gut«, dann wird das Kind auch das Schmecken mit Liebe verbinden. Nicht umsonst sagt man, dass die Liebe durch den Magen geht. Ob uns etwas schmeckt oder nicht, das hängt auch davon ab, mit welchen Assoziationen wir bestimmte Speisen verbinden. Wenn wir sie mit Liebe verbinden, wird es uns auch schmecken. Nicht umsonst sprechen wir vom Lieblingsgericht, das uns die Mutter kocht. Oder wir sagen: Das schmeckt wie bei der Mutter.

Hsin-Ju Wu: Heute können die Kinder oft nicht mehr den Geschmack der ursprünglichen Lebensmittel genießen. Ihr Geschmack ist von vielen chemischen Zusatzstoffen abhängig. Deswegen verweigern viele Kinder das Essen, das ihnen nicht schmeckt, weil es nicht dem entspricht, woran sie gewöhnt sind. Sie essen nur, was sie wollen, weil sie es kennen. Wenn aber bestimmte Nahrungsmittel für die Gesundheit gut sind, dann sollten wir als Eltern die Kinder »trainieren«, sie anzunehmen, selbst wenn sie das nicht mögen. Und sie sollten auch lernen, noch toleranter und offener den verschiedenen, auch ungewohnten Nahrungsmitteln gegenüber zu werden. Das ist gerade bei der heutigen Globalisierung wichtig. Wenn die Kinder eingeladen sind, sollten sie auch lernen, schon aus Höflichkeit und Anstand, toleranter mit Speisen umzugehen, die ungewohnt sind für sie. Ich habe meinen Kinder immer gesagt, wenn du lernst, toleranter allen Nahrungsmitteln gegenüber zu sein, dann hast du mehr Freiheit, d. h. du hast keine Angst, irgendwohin zu gehen und zu essen. Denn du weißt, dass es nötig und anständig ist, das zu essen, was dir vorgesetzt wird. Selbst wenn du etwas nicht magst, kannst du die Situation beherrschen, ohne den Gastgeber zu verletzen. Das ist auch ein Ausdruck von Freiheit. Meine Tochter mag zum Beispiel keine Rosinen. Wenn sie zu Hause ist, nimmt sie die Rosinen aus dem Kuchen heraus. Aber wenn sie bei anderen ist, dann versucht sie, die Rosinen zu essen und sie mit etwas Wasser herunterzuschlucken. Sie meint, dass das zu ihrer »Barmherzigkeit« gehört, damit sie andere nicht stört oder nicht verletzt. Jede Nahrung anzunehmen (wenn sie nicht »körperlich« unverträglich ist, z.B. zu scharf oder zu salzig), gehört zur chinesischen Tugend. Diese Tugend zu lehren, ist auch Aufgabe der Erziehung.

Anselm Grün: Auch Riechen ist ein sehr emotionaler Sinn. Weihnachten habe ich als Kind immer auch mit dem Geruch von Tannenzweigen und Kerzen verbunden. Der Geruch von Tannenzweigen hat mir das Gefühl von Geborgenheit und Heimat vermittelt. Und als Kind waren wir vom Weihrauch fasziniert, weil da im Geruch etwas Heiliges zu spüren war. Auch das Riechen wollen die Kinder mit den Eltern gemeinsam lernen. Mein Vater hat uns gelehrt, uns vor einen Fliederbaum zu stellen und den Geruch wahrzunehmen, oder den Unterschied von Nadelwald und Laubwald zu riechen. Die Kinder riechen, aber sie möchten auch von den Eltern auf die verschiedenen Gerüche aufmerksam gemacht werden.

Manche Kinder streicheln ihre Puppen, ihren Teddybär und auch ihre kleineren Geschwister. Man spürt, dass sie ganz im Tastsinn sind. Aber manchmal erschrecke ich auch, wie hart und achtlos Kinder umgehen mit ihrem Spielzeug und manchmal auch mit Menschen. Kinder wollen gestreichelt werden. Sie spüren die Liebe der Eltern durch ihren Tastsinn. Wenn sie die Liebe beim Gestreicheltwerden spüren, dann werden sie auch selbst die Liebe weitergeben, indem sie streicheln. Dabei streicheln sie auch den Hund, die Katze, aber auch leblose Dinge wie die Puppe oder den Stein, den sie gefunden haben.

* * *

Anselm Grün: Wie wichtig sind die Sinne in der chinesischen Erziehung? Welche Erfahrungen hast Du da mit Deinen Kindern gemacht?

Hsin-Ju Wu: Das kann ganz fröhlich vor sich gehen: Wenn ich z.B. in der Nähe unserer Wohnung spazieren gehe, dann beobachte ich mit meinen Kindern Leute, die ihren Hund ausführen. Und wir fragen uns dann immer: Welche Ähnlichkeit hat dieser Mensch mit seinem Hund? Es kann ernsthaft, aber auch spielerisch sein: Wenn wir in der weiteren Umgebung wandern, dann unterscheiden wir die verschiedenen Grüntöne im Frühling und im Sommer. Beim Kochen sollten die Kinder schon durch Riechen erraten, welche Gerichte für das Abendessen gekocht werden.

Ich selber habe nach der Geburt meiner Kinder – in der chinesischen Tradition gibt es vier Wochen Ruhezeit für die Mutter – eine chinesische medizinische Regel eingehalten: Vier Wochen ohne Salz. Da hatte ich am Anfang Angst, dass die Gerichte mir nicht schmecken könnten. Eigentlich koche ich auch sonst mit wenig Salz. Doch in den vier Wochen ohne Würzung habe ich erst den ursprünglichen Geschmack der Nahrung genossen. Seitdem habe ich bewusst meine Sinne geschärft. Und so ist das Leben vielseitiger, reicher geworden.

Ein Leben in bloßer Routine und ohne Abwechslung macht unsere Sinne weniger sensibel. Das hat übrigens für mich als Christin auch eine ökumenische Dimension: Für uns evangelische Christen ist es sehr schade, dass wir viele kirchliche Rituale abgeschafft haben. Die katholische Liturgie kann uns helfen, die Sinneswahrnehmung zu schärfen.

Kinder führen

2. Achtsam und liebevoll mit dem Leib umgehen

Kinder wollen gerne ihren Leib entdecken. Auch diese Entdeckungsreise wollen sie gemeinsam mit den Eltern unternehmen. Die Eltern vermitteln den Kindern natürlich auch, wie sie selbst ihren Leib sehen und behandeln. Wenn die Eltern leibfeindlich sind, dann werden das auch die Kinder mitbekommen. Das Erste in diesem Zusammenhang ist die Liebe zum Leib und die Achtung des Leibes. Im Leib berühre ich immer den anderen als Person. Und ich will immer als Person gesehen werden, wenn man mich berührt. Manche Kinder spüren, dass sie von den Erwachsenen benutzt werden. Dann wehren sie sich. Sie spüren ihre Grenze und wollen nicht, dass sie überschritten wird.

Der Umgang mit dem Leib geschieht auch in der Bewegung. Wenn Kinder nur vor dem Fernseher sitzen, bekommen sie gar keine Beziehung zu ihrem Leib. Mediziner erschrecken oft, dass Kinder die einfachsten Bewegungen nicht mehr ausführen. Purzelbaum, früher eines der beliebtesten Kinderbewegungsspiele, können heute viele nicht mehr. Dabei ist Spielen gesund und für die Entwicklung wichtig. Es ist also schön, dass Eltern schon mit den kleinen Kindern spielen, sie hochheben, sie in die Luft werfen, Purzelbäume mit ihnen machen, mit ihnen in der Natur spazieren gehen. Natürlich braucht es immer ein gutes Gespür, wo Kinder, etwa beim Wandern, überfordert werden. Dann melden sie sich aber in aller Regel selbst zu Wort und wollen getragen werden. Aber zunächst einmal ist es wichtig, den Kindern etwas zuzutrauen und ihnen Freude am Gehen, an der Bewegung zu vermitteln.

Auch das Beten will mit dem Leib gelernt werden. Kinder machen gerne Gebärden beim Beten. Manche Kinder falten die Hände, sobald alle zu Tisch sitzen. Das ist die Einladung zum Tischgebet. Bei Familienkursen habe ich oft Gebetsgebärden geübt. Die Kinder haben da immer gerne mitgemacht. Sie haben gerne ihre Hände zum Gebet erhoben. Dann fühlen sie sich frei. Oder wenn sie das Bedürfnis haben, ganz bei sich zu sein, falten sie die Hände. Oder sie verschränken die Hände über der Brust, um sich selbst zu umarmen und dabei zu spüren, dass Gott sie umarmt. Das Beten sollte immer auch leibhaft geübt werden. Auch die Beziehung zu Gott braucht einen leibhaften Ausdruck genauso wie die Beziehung zu den Eltern.

Hsin-Ju Wu: Der Leib ist die Grundlage aller Schönheit. Wenn wir die Wahrnehmungsfähigkeit der Kinder für die Schönheit verstärken möchten, dann geht das auch darüber: Sie müssen lernen, eine gesunde Haltung zu ihrem Körper einzunehmen. Schönheit heißt ja: Die Kostbarkeit des Lebens mit Dankbarkeit genießen. Hier kann man drei grundlegende Haltungen für den spirituellen Umgang mit dem Leib ableiten:

Zunächst: Wir sollten unseren Leib als etwas »Kostbares« ansehen. Unser Leib ist von Gott nach seinem Bild geschaffen. Deswegen ist unser Leib sehr kostbar. Was kostbar ist, das sollten wir in seiner Würde achten und mit Ehrfurcht behandeln. Wenn Kinder ihren Leib schätzen, werden sie ihn nicht vernachlässigen. Wenn andere ihren Leib beleidigen oder verletzen, werden sie auch für ihre Integrität, also für die Würde und Schönheit des eigenen

Leibes kämpfen. Wenn die Kinder um die Würde ihres Leibes wissen, werden sie auch die Würde des Leibes anderer Menschen achten. Damit beginnt die gegenseitige Achtung und die Menschlichkeit im Umgang miteinander.

Die zweite Haltung unserem Leib gegenüber ist: Dankbarkeit. Jeder Körperteil hat eine Lebensgeschichte und wertvolle Erbschaft abgespeichert. Einmal hat sich meine Tochter bei mir beklagt, dass ihre Beine zu kurz und zu dick seien. Aber das gehört einfach zu ihr. Dann habe ich also mit ihr überlegt, von wem diese »Erbschaft« stammen könnte. Wir haben uns näher angeschaut, was die Verwandten für eine Figur haben. Dann haben wir herausgefunden, dass sie ihre Figur von der Großmutter »geerbt« hat. Auch ihre beiden Tanten haben dieselbe Figur. Dann haben wir auf die Lebensgeschichte dieser Großmutter zurückgeschaut. Und über die Identifikation mit ihr konnte sie das schließlich auch akzeptieren. Wir haben dann auch eine Lösung gefunden, wie man mit einem Kleid das Aussehen verbessern könnte. Und wir sprachen über ihre Stärken und andere Schönheiten ihres Leibes und ich konnte ihr klarmachen, dass sie sich nicht mit dem der anderen vergleichen müsste. Viele Kinder akzeptieren ihren Körper ja deswegen nicht, weil sie ihn ständig mit Bildern vergleichen, die von den Medien vermittelt werden. Aber wer Minderwertigkeitskomplexe hat, der strahlt keinen Glanz aus. Wenn wir so sein können, wie wir sind, wird unser Leib auch schön, weil er dann unser Selbstvertrauen ausstrahlt. Kinder sollten ihren Leib genau kennenlernen, seinen Charakter, seine Schwächen und Stärken. Dann können sie ihre körperliche Schönheit bewusst und dankbar leben.

Und schließlich: Wir sollten unseren Leib genießen. Genießen bedeutet auch, das rechte Maß zu halten. In der chinesischen Erziehungstradition gehört auch die körperliche Haltung, also die Körpersprache, und nicht nur das rechte Handeln, zum Anstand: Kinder sollen lernen, sich mit ihrem Körper zu benehmen und darauf achten, wie sie mit ihm »sprechen«. Wir können unseren Leib natürlich schöner machen und strahlender werden lassen: durch schöne Kleider, durch Körperpflege, durch Schminken oder durch Training. Aber alles das muss im richtigen Maß durchgeführt werden. Kinder sollten lernen, wie sie »gelassen und frei« mit ihrem Körper umgehen. Konfuzius lehrt: Nur wenn man das rechte Maß einhält, kann man genießen.

Auch Sexualität gehört zum Genießen des Körpers. Aber auch hier gilt: das rechte Maß und die gesunde Haltung sind wichtig. Die Eltern sollten so früh wie möglich mit ihren Kindern das Thema ansprechen. Wenn diese lernen, ihren Leib zu schätzen, gehen sie auch gut mit ihrer Sexualität um.. Wenn wir mit Kindern über Sexualität sprechen, geht es nicht darum, zu moralisieren. Es geht dabei auch nicht zuerst um Bedürfnisse, sondern um die Würde eines Menschen. Die Kinder sollten die »sexuelle Erregung« ihrer Körper genau kennen. Entscheidend ist aber, Sexualität als menschliche Würde und Wert zu sehen und schon vor der Pubertät langsam mit den Kindern darüber sprechen, ohne zu sehr zu insistieren, sonst wird ihnen das Thema leicht peinlich. Aber wenn wir z. B. über Freundschaft, Familie, Schönheit sprechen, gibt es eine gute Möglichkeit, das Thema zu integrieren.

Ein chinesisches Sprichwort sagt: »Das Aussehen

Kinder führen

hängt von Herzen ab.« Es gibt demnach einen engen Zusammenhang zwischen innerlicher und äußerlicher Schönheit. Eine spielerische Übung, die wir gerne mit Kindern machen, demonstriert das: Dabei können sie selbst beobachten, wie ihre Gesichter sich verändern, wenn sie negative Gefühle oder positive Gefühle haben. Viele bemerken den Unterschied sofort und verstehen dann, dass es keine absolute Schönheit gibt und dass körperliche Ausstrahlung aus dem Inneren kommt. Wenn Kinder auf diese Weise lernen, wie ihre innerliche Verfasstheit sich mit äußerlicher körperlicher Ausstrahlung verbindet, dann werden sie sich nicht nur auf äußerliche, kommerziell propagierte Schönheit konzentrieren.

Für Christen eine wunderbare Gelegenheit: In der Liturgie könnte man die körperliche Schönheit sehen, beim Beten mit Gebärden, bei der Meditation im gleichmäßigen Einatmen und Ausatmen. Aber auch bei der Mitfeier der Eucharistie können wir die Liturgie durch körperliche Bewegung verinnerlichen und vertiefen: Wenn wir Kinder daran erinnern, dass sie bei dieser Mitfeier bewusst und mit Dankbarkeit in der Symbolik der Gesten ihren Leib bewegen, können sie tiefer wahrnehmen, wie kostbar dieser Leib ist.

* * *

Anselm Grün: Welche Rolle spielt der Umgang mit dem Leib in der chinesischen Erziehung? Und wie vermittelst du deinen Kindern ein Gespür dafür?

Hsin-Ju Wu: Es gibt ein Prinzip von Konfuzius: »Unsere Haare und unseren Leib haben wir von den Eltern bekommen, wir sollten sie nicht verletzen.« Das heißt also: Wir sollten auf den eigenen Körper achten. In der Erziehung ist es heute umso wichtiger, dass man seinen Körper schützt und kennenlernt, weil Kinder in der von den Medien geprägten Welt sonst verlernen, den einmaligen Wert des eigenen Leibes zu schätzen. Gerade Mädchen, die sich immer mit anderen Models und Stars vergleichen, stehen in dieser Gefahr.

Das höchste Ziel für den Umgang mit dem eigenen Körper ist, wie Konfuzius sagt: Frei in seinem Herzen sein, aber die eigene Grenze nicht überschreiten. Die Voraussetzung dafür ist, seinen Leib und seine Grenze zu kennen und die eigene Grenze und die Grenze des anderen zu schätzen.

Eine Hilfe für die positive Körpererfahrung ist, sich viel zu bewegen. Kinder, die sich etwa im Sport viel bewegen und auch anstrengen, können im Training den eigenen Leib besser kennenlernen. Bei uns in Asien stehen Kinder sehr unter Lerndruck und sie sind oft genug auch zu faul, sich zu bewegen. Sogar im Haushalt zu helfen, kann eine gute Weise von Bewegung sein. Meine Tochter hat beim Staubsaugen einmal gesagt, dass sie diese Hausarbeit als Gymnastik ansieht. Seitdem ist das Staubsaugen für sie interessanter geworden.

Eine Grundregel chinesischer Erziehung lautet: Die Haltung des Körpers ist die Voraussetzung für das Gleichgewicht der Seele. Wie man steht, sitzt, geht, liegt, das drückt auch den Charakter aus. Bei uns wird das schon im Kindergarten betont: Sitzen, wie man sitzen sollte. Stehen, wie man stehen sollte. Dahinter steht die Überzeugung: Im Leib wird die eigene Lebensgeschichte gespeichert. Wir können und sollten in der Erziehung den Kindern helfen, ihre Lebensgeschichte im Körper zu entdecken, damit sie den eigenen Leib auch lieben können.

* * *

Hsin-Ju Wu: In welcher Weise hat Meditation auch mit dem Leib zu tun? Könnten wir als Eltern durch einige meditative Haltungen unseren Kindern helfen, besser mit ihrem Leib umzugehen?

Anselm Grün: Die Meditation ist sicher eine gute Hilfe, dass die Kinder sich selbst und ihren Leib spüren. Die Meditation geht ja vor allem über den Atem. Ich sitze da und spüre meinen Atem, wie er den ganzen Leib durchdringt. Wer sich auf seinen Atem konzentriert, der spürt sich im Leib intensiver. Er ist bei sich selbst. Und es kann uns helfen, wenn wir mit dem Leib bestimmte Gebetsgebärden einüben. Die Gebärden lassen uns ganz im Augenblick sein. Und wir spüren, dass unser Leib uns für Gott öffnet. Aber Kinder sollten nicht sehr lange meditieren. Es genügt, wenn sie mal ein paar Augenblicke still sind, mal auf den Atem achten und die Hände öffnen, um Gottes Liebe zu empfangen. Es hat nur dann Sinn, mit den Kindern zu meditieren, wenn die Eltern selber meditieren. Wenn sie in der Meditation ruhig und gelassen werden, dann tut das auch den Kindern gut. Und die Ruhe und die Gelassenheit der Eltern im Alltag werden den Kindern besonders gut tun.

3. Die Sprache des Herzens üben

Welche Sprache in einer Familie gesprochen wird, prägt die Atmosphäre und das Miteinander. Manchmal reden schon die Eltern aneinander vorbei. Es wird in der Familie geredet, aber es gibt kein Gespräch, sondern nur ein Gerede. Ein Gespräch entsteht nur, wenn die Eltern und Kinder miteinander sprechen. Sprechen meint immer: Ich spreche aus meinem Herzen. Ich rede nicht einfach etwas, damit geredet ist. Ich spreche vielmehr das aus, was in mir ist. Ich offenbare im Sprechen meine Gefühle. Nur so kann ein Gespräch entstehen. Und es ist noch eine andere Bedingung wichtig: Aufeinander hören. Friedrich Hölderlin hat die berühmten Verse geschrieben: »Viel hat erfahren der Mensch, / Der Himmlischen viele genannt, / Seit ein Gespräch wir sind / Und hören können voneinander.«

Die Familie wird im Sprechen zu einem Gespräch werden, wenn sie nicht nur aufeinander hört, sondern auch voneinander hört. Das heißt: Jeder interessiert sich für die Herkunft des anderen, für das, was den anderen ausmacht und prägt. Und jeder spricht das aus, was in ihm ist. Dann wird das Gespräch auch dazu führen, dass Gott anwesend ist. Das meint Hölderlin mit seinem Bild von den Himmlischen.

Die Frage ist, wie in der Familie eine gute Sprachkultur entstehen kann. Das eine ist sicher auch hier wieder das Vorbild der Eltern. Die Kinder lernen von der Sprache der Eltern. Aber sie lassen sich auch beeinflussen von der Sprache, die im Kindergarten und in der Schule und in der Clique ihrer Gleichaltrigen gesprochen wird. Und diese Sprache widerspricht oft der Sprache in der Familie. Daher ist es wichtig, diese oft verletzende Sprache, die die Kinder aus der Gesellschaft mitbringen, anzuschauen und zu erklären, was diese Sprache mit einem macht und was sie von einem offenbart. Und es braucht die Erziehung. Mein Vater hat versucht, immer wohlwollend von anderen Menschen zu sprechen. Wenn wir Kinder gerne über andere gelästert haben, hat er uns immer ermahnt: »Über andere spricht man nicht.« Und wenn wir Ausdrücke aus unserem Umfeld mit nach Hause brachten, meinte er auch oft: »So etwas sagt man nicht.« Natürlich fragten wir Kinder dann zurück: »Warum nicht?« Dann versuchte er uns zu erklären, welche innere Haltung dieser oder jener Ausdruck widerspiegelt. Und er mahnte uns: Wenn du etwas erreichen willst mit Menschen, musst du eine Sprache sprechen, die auf eine gute innere Einstellung schließen lässt. Wer die Sprache der Gosse spricht, den halten die Menschen auch selber für einen wenig kultivierten Menschen.

Heute lassen sich Kinder sicher nicht einfach durch ein Verbot dazu bringen, auf die Sprache zu verzichten, die sie in ihrer Umwelt aufnehmen. Aber es ist gut, ihnen immer wieder die Sprache zu spiegeln und mit ihnen auch darüber zu sprechen, welche Wirkung bestimmte Worte auf andere haben.

In manchen Familien ist die Sprache verarmt. Man wirft sich nur irgendwelche Satzbrocken hin. Man kann gar keine ganzen Sätze sprechen. Da ist es wichtig, dass die Eltern die Kinder in ihre Gespräche einbeziehen, dass sie die Kinder über ihre Erfahrungen sprechen lassen. Dabei sollten sie nachfragen, damit die Kinder noch genauer über ihre Erfahrungen und Gefühle sprechen können. Ein Großvater erzählte mir, wie er mit seinen Enkelkindern spricht. Er geht spazieren mit ihnen und spricht über alles, was die Kinder wahrnehmen. Diese Kinder können wesentlich besser sprechen als die aus der Nachbarschaft, für die die Eltern kaum Zeit haben und mit denen sie sich kaum auf ein Gespräch einlassen.

* * *

Anselm Grün: Gibt es in chinesischen Familien eine besondere durch die Tradition geprägte Gesprächskultur? Insbesondere, was den Umgang der Kinder mit Erwachsenen angeht?

Hsin-Ju Wu: Es gibt in der chinesischen Kultur klare Regeln des Anstands, wie die Kinder zu den Eltern und die Eltern zu den Kindern sprechen sollen. Kinder dürfen z. B. nicht einfach den Namen der Eltern oder von Verwandten aus der älteren Generation rufen. Die Sprache sollte anständig und höflich sein. Die Kinder haben immer die Stellung der Eltern zu respektieren und ihre Autorität zu achten, weil in der traditionellen chinesischen Kultur die Hierarchie eine große Rolle spielt. Prinzipiell gilt: Der Vater sollte barmherzig zu den Kindern sein. Und die Kinder sollen den Vater ehren und ihm gehorsam sein.

4. Den Wert alltäglicher Arbeit schätzen

In jeder Familie gibt es im Haushalt viel Arbeit. Manche Eltern machen die ganze Hausarbeit allein. Doch das tut den Kindern nicht gut. Dann werden Kinder verwöhnt. Es ist gut, die Kinder schon früh miteinzubeziehen in die Hausarbeit. Das beginnt beim Aufräumen ihres Zimmers. Und es ist gut, dass sie beim wöchentlichen Hausputz miteinbezogen werden. Und das gemeinsame Aufräumen oder das tägliche Spülen könnte ein gutes Ritual sein, bei dem man miteinander etwas tut und ins Gespräch kommt. Zugleich können die Kinder dabei lernen, mitzuarbeiten und Verantwortung für das gemeinsame Zusammenleben zu übernehmen.

Für uns war es als Kinder selbstverständlich, dass wir beim Spülen und Abtrocknen des Geschirrs geholfen haben. Und wir mussten im Sommer die Beeren pflücken. Wir haben das nicht immer so gerne getan. Aber da die Mutter mitgearbeitet hat, haben wir dann doch Ehrgeiz entwickelt, möglichst schnell die Beeren zu pflücken. Und wir haben dann einen Sport daraus gemacht. Meine jüngsten Schwestern machten diese Arbeit gar nicht gerne. Denn beim Beerenpflücken hatte man es oft mit Spinnen zu tun. Und das war für meine Schwestern ein Gräuel. Dann mussten sie oft auf die Toilette und kamen nicht wieder. Da gab es dann immer wieder Streit zwischen uns Geschwistern. Aber es war die einzige Möglichkeit der Schwestern, sich vom Diktat der älteren Brüder zu befreien. Der Streit war auch nie sehr ernst, sondern oft mit Humor und Lachen verbunden. Und wir haben dann gehandelt: Wir haben mit den Schwestern ausgemacht, dafür müssten sie mehr abtrocknen und wir würden dann das Beerenpflücken übernehmen.

Meine Schwester erzählte, dass sie ihren Kindern mit der Firmung – die findet zwischen 14 und 15 Jahren statt – den Hausschlüssel aushändigte. Aber zugleich musste jedes Kind dann die Verantwortung für einen Bereich übernehmen: für den Keller, für das Spülen, für das Putzen usw. So lernten die Kinder Verantwortung in der Arbeit. Das ist eine gute Erziehungsmethode. Denn es tut den Kindern nicht gut, wenn die Familie sich darauf verlässt, dass alle Reinigungsarbeiten von der Putzfrau erledigt werden. Dann erzeugen wir in den Kindern eine Anspruchshaltung, die ihnen das Leben schwer macht. Denn im Leben müssen sie auch zupacken und können sich nicht alles von anderen machen lassen.

* * *

Anselm Grün: Welche Tradition gibt es im chinesischen Raum für die Mitarbeit der Kinder? Und wie handhabt ihr es in Eurer Familie?

Hsin-Ju Wu: Wir haben in unserer Familie die Aufgabenbereiche klar geregelt. Die Kinder wissen genau, was sie in jeder Woche zu putzen und was sie im Haushalt zu helfen haben. Das macht auch keine Probleme. Manchmal versuchen sich die Kinder, durch extra Arbeiten dann eine Stunde Fernsehen in der Woche zu verdienen. Wenn ihnen etwas wichtig ist, dann arbeiten sie auch dafür. Sie äußern nicht ihre Bedürfnisse, um sie dann durch Quengeln durchzusetzen. Sie kennen die Regeln und an die halten sie sich. Sie wissen: ohne Schweiß kein Preis. Sie können dann auch das WC-Reinigen in der Schule besser akzeptieren. Sie fühlen sich frei von der ständigen Angst, zu welchem Putzdienst sie in der Schule wohl eingeteilt werden. Andere Schüler haben dagegen oft Angst, für das Toilettenreinigen eingeteilt zu werden.

5. Gemeinsame Rituale pflegen

Dass Rituale wichtig sind für eine gute Familienkultur, haben wir schon weiter oben gesehen. So möchte ich ein paar Rituale beschreiben und ihre Wirkung auf die Familie. Ein Ritual ist das gemeinsame Tischgebet. Das gibt dem Mahl der Familie eine gute Form. Und es vermittelt den Kindern, dass es nicht selbstverständlich ist, etwas zu essen. Essen ist nicht einfach ein In-sich-Hineinstopfen, wenn man gerade Hunger hat. Es hat eine Form. Und es geschieht in Dankbarkeit gegenüber Gott, der uns die Gaben der Natur schenkt, um uns zu stärken und uns gesund zu erhalten. Solche Rituale schaffen eine Familienidentität. Eine alleinerziehende Mutter erzählte mir, dass ihre 15-jährige Tochter oft gegen das Ritual des Tischgebetes rebelliert habe. Als die Tochter ihre Freundin zum Essen einlud, ließ die Mutter das Tischgebet weg. Sie dachte, dass die beiden Mädchen es nur widerwillig mitmachen oder sich darüber aufregen würden. Nachdem die Freundin wieder gegangen war, machte die Tochter der Mutter heftige Vorwürfe, warum sie nicht gebetet hätte. Das würde doch zu unserer Familie gehören. Offensichtlich stiftete das Tischgebet ein Stück Familienidentität: Wir sind noch jemand. Wir leben nicht wie alle anderen. Wir haben unsere Formen und unsere Kultur.

Rituale sind der Ort, an dem Gefühle geäußert werden, die sonst im Alltag nicht geäußert werden. Das gilt vor allem für die besonderen Rituale etwa am Geburtstag oder am Hochzeitstag oder am Namenstag. Da ist es wichtig, dass man nicht einfach nur gratuliert, sondern sich genau ausdenkt, was ich dem anderen sagen und wünschen möchte. Ich sollte ihm danken für das, was er für die Familie bedeutet. Wenn solche Gefühle geäußert werden, dann wird die Familie auf tiefere Weise miteinander verbunden.

* * *

Anselm Grün.: Welche Rituale sind in Eurer Familie – oder auch in der chinesischen Tradition – wichtig? Und wie gerne machen die Kinder die Rituale mit? Gibt es da auch Widerstand, wie es bei uns oft zu beobachten ist? Und wie geht Ihr als Eltern mit dem Widerstand um?

Hsin-Ju Wu: Die chinesischen Rituale hängen meistens mit den typischen chinesischen Festen zusammen, z.B. mit dem chinesischen Neujahrsfest, an dem die ganze Familie zusammenkommt. Wir haben unsere Familienrituale mehr aus der christlichen Tradition heraus entwickelt. Wir haben z.B. am Geburtstag das Ritual, dass jeder eine Geburtstagskarte ziehen darf. Dann liest er die Karte vor, auf der ein Segensgebet für den Geburtstag steht. Dann sprechen wir darüber und schließen uns diesem Segen an. Auf diese Weise steht der, der Geburtstag hat, im Mittelpunkt. Natürlich gibt es dann auch die Lieblingsspeise am Geburtstag. Aber das allein wäre zu wenig. Wir wollen auch mit Worten ausdrücken, was uns der einzelne bedeutet. So freuen wir uns immer auf den Geburtstag. Die anderen in der Familie lassen ihre Phantasie spielen, womit sie dem Geburtstagskind eine Freude machen könnten.

Auch vor dem Abendessen pflegen wir ein Ritual. Einer liest einen Abschnitt aus der Bibel vor. Dann sprechen wir darüber. So entsteht ein schöner Raum für Gespräche zwischen Eltern und Kindern.

Ein Ritual hat sich in unserer Familie einfach herausgebildet. Ich weiß nicht mehr, wann und wie es angefangen hat. Wir wohnen im vierten Stock. Wenn mein Sohn und meine Tochter morgens zur Schule gehen, drehen sie sich immer, bevor sie um die nächste Ecke biegen, um und winken mir zu. Ich stehe dann immer am Fenster, damit sie mich sehen können. Sie haben diese Gewohnheit jetzt schon seit sechs Jahren. Sie ist bei ihrem täglichen Schulgang zu einem Ritual geworden. Es schenkt ihnen nicht nur Geborgenheit, es hat auch eine heilsame Wirkung. Einmal habe ich mit meinem Sohn morgens beim Frühstück heftig gestritten. Als er aus der Wohnung gegangen ist, hat er sich nicht von mir verabschiedet, nicht »Bye Bye« gesagt. Aber ich bin doch wie immer am Fenster gestanden und habe ihn beobachtet. Ich habe da heimlich gebetet, dass er sich umdrehen möge. Er ist ein paar Schritte gegangen und am Ende hat er sich doch umgedreht und gewunken. In diesem Augenblick sind mir die Tränen gekommen und wir waren wieder miteinander ausgesöhnt! Dieses Ritual braucht keine Sprache. Es ist besonders wirksam und hilfreich, wenn Mutter oder Vater mit dem Sohn Streit haben. Jungen wollen die eigenen Gefühle nicht offen zeigen. Durch Rituale können sie sie besser ausdrücken.

6. Das Kirchenjahr und die Liturgie mitfeiern

Ein guter Zeitpunkt, an dem Rituale in der Familie gefeiert werden, sind die Feste des Kirchenjahres. Die Kinder brauchen ein Gespür für die Spannung des Jahres, für die Qualität jeder Jahreszeit. Und die Art und Weise, wie die Familie die Feste und die Festzeiten des Kirchenjahres feiert, sagt viel aus über ihre Kultur. Es prägt sich den Kindern tief ein, wenn der Advent oder Weihnachten mit besonderen Ritualen gefeiert werden. Früher war es in Deutschland üblich, sich am Samstagabend um den Adventskranz zu setzen, die nächste Kerze anzuzünden und Adventslieder zu singen. Das war ein schönes Ritual, das die ganze Familie miteinander verbunden hat. Und der Adventskranz war die Verheißung, dass Gott die Familie gut zusammenhält und dass er alles Brüchige wieder heilt. An Weihnachten gehen viele Familien nicht nur in die Christmette, sondern sie feiern auch daheim ihre Rituale. Ein Ritual ist das der Bescherung. Doch bevor die Geschenke ausgepackt werden, liest der Vater das Weihnachtsevangelium vor. Und dann singt die Familie ein Lied, meistens »Stille Nacht, heilige Nacht«. So war es bei uns in der Familie. Und es hat uns als Kinder immer tief berührt. Dann erst werden die Geschenke ausgepackt. In Gesprächen mit jungen Familien habe ich gehört, dass die Kinder oft nur schnell die Verpackung aufreißen und kurz das Geschenk anschauen. Sie können gar keine Dankbarkeit mehr empfinden. Sie werfen nur einen kurzen Blick darauf, ob die Eltern ihre Wünsche wirklich erfüllt haben. Eine Familie hat daraufhin das Ritual geändert. Nach dem Weihnachtslied geht die ganze Familie zu dem ersten Kind, das vor den Augen der anderen seine Geschenke auspackt. Und die anderen geben ihren Kommentar dazu, beglückwünschen das Kind zu diesem schönen Geschenk, nehmen das Geschenk in die Hand und sagen etwas dazu. Dann kommt das zweite Kind dran, dann die Mutter und dann der Vater. So nimmt die ganze Familie an den Geschenken der anderen Anteil. Die Geschenke werden gewürdigt. Dann geht es nicht nur um den Geldbetrag, sondern um den Sinn des Geschenkes. Und jedes Kind bekommt genügend Beachtung. Zugleich lernt es, die Geschenke auch zu achten und nicht sofort zur Tagesordnung überzugehen.

An Dreikönig ist in Deutschland die Haussegnung. Wir haben das als Kinder immer gerne getan. Wir haben ein Weihrauchfass von der Kirche ausgeliehen und möglichst viel Weihrauch hineingelegt. Dann sind wir mit dem Weihrauch und mit Weihwasser durch jeden Raum gegangen. Der Vater hat Weihwasser gesprengt und ein Gebet gesprochen. Und wir haben jeden Raum mit möglichst viel Weihrauch erfüllt. Es ist ein gutes Ritual, um all das, was die Familie im Laufe des Jahres unter den Teppich gekehrt hat – nicht ausgetragene Konflikte, unterdrückten Ärger, verdrängte Verletzungen, böse Worte,

Streit usw. – aus der Wohnung herauszutreiben und die Wohnung mit dem Geist Jesu zu erfüllen. Da werden dem Einzelnen in der Familie keine Vorwürfe gemacht. Die ganze Familie hat den Wunsch, dass das Haus mit neuem Geist erfüllt wird, dass es gesegnet ist und die Familie in gesegneten Räumen lebt. Das gibt dem Miteinander eine andere Qualität.

Die Fastenzeit wäre auch eine gute Gelegenheit für Familienrituale. Wir haben damals zu Beginn der Fastenzeit keine Süßigkeiten mehr gegessen. Immer wenn wir etwas geschenkt bekamen, haben wir es in ein Glas getan. Das wurde dann erst an Ostern geleert. Das war für uns Kinder auch ein guter Sport. Wir haben das Verzichten dann nicht als Last empfunden, sondern als sportliche Herausforderung. In der Karwoche haben wir Ostereier angemalt. Die hat der Vater am Ostersonntagmorgen im Garten versteckt. Und wir mussten nach dem Osteramt die Ostereier suchen. So ein Ritual ist nicht nur fromm. Es macht der Familie einfach Spaß. Da geht es auch um die Phantasie, wo der Vater wohl die Eier versteckt hat. Und dann haben die Eier beim gemeinsamen Mahl umso besser geschmeckt.

Jede Familie hat ihre eigenen Rituale. Für die Kinder ist es ganz wichtig, dass die Familie jede Jahreszeit und jedes liturgische Fest auch zu Hause mit einem Ritual begeht. Das gibt dem Jahr eine eigene Färbung. Man freut sich dann schon auf den Advent, auf Weihnachten, auf Ostern oder auf andere Feste.

* * *

Kinder führen

Anselm Grün: Wie feiert Ihr in Eurer Familie den Advent, Weihnachten, die Fastenzeit und Ostern? Habt Ihr eigene Rituale entwickelt? Und wie geht es den Kindern dabei? Machen sie gerne mit?

Hsin-Ju Wu: In der Adventszeit haben wir an jedem Samstag ein Ritual. Wir zünden die Kerzen auf unserer Weihnachtspyramide an. Und einer ist jeweils verantwortlich für die Gestaltung der Feier. Meistens sucht er dann einen adventlichen Text aus und liest ihn vor. Dann sprechen wir darüber. Und wir singen gemeinsam Lieder. Die Kinder lieben dieses Ritual. Und der ganzen Familie tut es gut. Und so versuchen wir, Weihnachten und Ostern auch unsere Familienrituale zu praktizieren. Meistens entwickle ich selber die Ideen dazu. Aber die Kinder lassen sich gerne darauf ein und können dann auch mitreden, wie wir die Feste des Kirchenjahres gestalten.

Wir haben auch für die Fastenzeit Rituale entwickelt. Da gibt es in jeder der sieben Wochen jeweils eine Übung, die wir gemeinsam praktizieren. Das bezieht sich einmal auf das Essen, dann auf das Sprechen übereinander oder darauf, sich eine gute Tat in dieser Woche vorzunehmen. Die Kinder machen diese Übungen gerne mit. In der Karwoche essen wir nur vegetarisch. Die Übung von Disziplin und Selbstkontrolle tut den Kindern gut. Am Ostermorgen sind die Kinder dann sehr fröhlich und freuen sich, wieder Fleisch essen zu dürfen.

7. Kreativität fördern durch Kunst und Musik

Kinder malen gerne. Und Kinder singen gerne. Beide Ausdrucksweisen gehen verloren, wenn Kinder nur noch vor dem Fernseher sitzen. Daher brauchen Kinder Unterstützung. Mein Vater hat immer gerne mit seiner Enkeltochter gemalt. Das war für sie eine wichtige Zeit. Da hat sie die Nähe des Opas gespürt. Und zugleich hat sie ihre eigenen Fähigkeiten zu malen entdeckt. Gemeinsam mit den Eltern oder Großeltern kreativ zu sein, das weckt in den Kindern den Sinn für Malerei und Kunst.

Wenn Kinder spontan singen, dann hilft es ihnen nicht, wenn die Eltern darüber lachen oder aber sie bewundern. Viel besser wäre es, wenn die Eltern mit ihren Kindern singen. Viele Eltern in Deutschland trauen sich nicht zu singen. Sie meinen, sie könnten es nicht. Aber dann enthalten sie ihren Kindern etwas Wesentliches vor. Wenn die Eltern gemeinsam mit den Kindern singen, dann bekommen Kinder Freude am Singen. Wenn ich an unser gemeinsames Singen in unserer Familie vor dem Christbaum zurückdenke, so habe ich da immer besonders die Gemeinschaft und Verbundenheit in der Familie gespürt. Wir haben gemeinsam gesungen. Und ich habe gespürt, wie die Eltern gerne die Lieder gesungen haben, die sie in ihrer Heimat an Weihnachten gesungen haben. Da war immer etwas Geheimnisvolles. Und ich habe gerne mit den Eltern und meinen Geschwistern mitgesungen. Wir haben nicht darauf geachtet, ob wir nun alle richtig singen. Wir haben einfach mit den Eltern mitgesungen. Und dabei haben wir gelernt zu singen. Gefühle werden gerade im Singen ausgedrückt. Und da wir gemeinsam singen, klingt es zusammen und wir spüren die Gemeinschaft. Wir kommen im Singen nicht nur in Einklang mit uns selbst, sondern es gibt auch ein Zusammenklingen, ein Gefühl von Miteinander und Zusammengehörigkeitsgefühl.

Für die Kinder ist es auch gut, wenn sie ein Musikinstrument lernen. Das verlangt auf der einen Seite Disziplin. Auf der anderen Seite gibt es ihnen auch das Gefühl, dass sie Fähigkeiten in sich haben, dass sie lernen, durch ihr Vorspielen anderen eine Freude zu machen. Und es aktiviert die Kinder, anstatt sich passiv vor den Fernseher zu setzen. Es ist auch erwiesen, dass Kinder, die ein Musikinstrument lernen, sich sonst mit dem Lernen leichter tun. Das Erlernen eines Musikinstrumentes fördert die Intelligenz. Es schafft im Gehirn neue Verbindungen, die auch das Denken fördern.

* * *

Anselm Grün: Deine beiden Kinder sind sehr kreativ. Wie drücken sie das aus und was bedeutet es für sie?

Hsin-Ju Wu: Meine Kinder üben fleißig Klavier und sind stolz, wenn sie an den Festen der Familie etwas vorspielen können. Meine Tochter schreibt gerne. Immer wenn wir eine Fahrt unternehmen, schreibt sie eine Art Tagebuch. Sie malt und schreibt die wichtigsten Erfahrungen und Erkenntnisse auf. Das ist für sie eine wichtige Übung. Und das führt dazu, dass sie die Tage des gemeinsamen Urlaubs viel intensiver erlebt. Sie macht sich Gedanken über das, was sie erlebt. Und daraus entwickelt sie ihre Lust zu schreiben.

8. In der Begegnung mit anderen Menschen lernen

Oft sagen wir, wenn wir Kindern begegnen: Die haben keine Manieren, keinen Anstand. Oder aber: Dieses Kind ist gut erzogen, es weiß, wie es sich benehmen soll. Dabei geht es nicht um Drill. Aber wie ein Kind auf andere Menschen zugeht, wie es sie begrüßt, wie es sich für Geschenke bedankt oder eben achtlos das Geschenk annimmt, das zeigt, ob ein Kind erzogen ist oder nicht. Höflichkeit und Anstand gehören zur Kultur. Kulturlosigkeit ist immer ein Zeichen mangelnder Erziehung. Der äthiopische Fürstensohn Aserate, der schon lange in Deutschland lebt, hat ein Buch über Manieren geschrieben. Da schreibt er nicht nur von seiner Erziehung in Äthiopien, sondern auch von seinen Erfahrungen in Deutschland. Menschen, die Manieren haben, so hat er beobachtet, die wissen, wie sie sich benehmen sollen, sind angenehme Menschen. Wir kommunizieren gerne mit ihnen. Mit denen, die keine Manieren haben, wollen wir lieber nichts zu tun haben. Wir haben den Eindruck, dass wir von ihnen nicht wahrgenommen und nicht geachtet werden.

Daher gehört es zur Erziehung auch, dass wir gute Umgangsformen mit Menschen entwickeln. Jedes Kind begegnet anderen Menschen. Die Verwandten kommen zu Besuch oder aber Freunde oder Geschäftspartner kommen. Es geht nicht darum, dem Kind ein korrektes Benehmen aufzudrängen. Aber es gehört zur Kultur, dass ein Kind einem Erwachsenen angemessen begegnen kann. Wenn ein Kind ein Geschenk annimmt, ohne sich zu bedanken, so empfinden wir das als kulturlos. Und wenn ein Kind das Geschenk achtlos wegwirft, weil es ihm nicht gefällt, so fühlen wir uns gekränkt. Das Kind hat kein Gespür für uns und für unser Bemühen, ihm eine Freude zu machen.

Ich spüre bei meinen Kursen sehr deutlich, ob jemand eine gute Erziehung genossen hat oder nicht. Wenn ich mit den Gästen mitesse, merke ich, dass manche nur auf sich schauen. Sie kümmert es gar nicht, ob die Nachbarn etwas zu essen haben oder nicht. Sie kreisen nur um ihre eigenen Bedürfnisse. Sie merken gar nicht, wie sie sich dadurch nicht gerade beliebt machen. Wer dagegen aufmerksam die anderen und ihre Bedürfnisse wahrnimmt, der macht einen guten Eindruck. Wir haben das Gefühl: Der ist kultiviert. Und unwillkürlich möchten wir mit ihm mehr Kontakt haben als mit dem, der nur um sich selber kreist, der die anderen gar nicht wirklich wahrnimmt.

Anselm Grün: Ich habe bei deinen Kindern wahrgenommen, dass sie wissen, wie sie sich uns Erwachsenen gegenüber verhalten sollen. Welchen Stellenwert hat bei euch in der Erziehung das Verhalten gegenüber den Erwachsenen?

Hsin-Ju Wu: In der chinesischen Erziehung ist eine klare familiäre Hierarchie wichtig. Sie wird von den Kindern nicht in Frage gestellt. Gute und enge Kontakte und Verbindungen mit den Großeltern und mit der Verwandtschaft sind in der asiatischen Kultur sehr wichtig. Die Großeltern können viel zur Erziehung und Bildung der

Kinder beitragen. Und viele Großeltern nehmen diese Aufgabe gerne wahr. Überhaupt: Beziehungsthemen stehen in der chinesischen Erziehung im Mittelpunkt. Es geht um ein gutes Verhalten in der Gemeinschaft. Bei uns sind die Themen wie Selbstverwirklichung, Freiheit und Individualität schwächer ausgeprägt. Das ist sicher ein Unterschied zur europäischen Erziehung. Aber ich glaube, die beiden Erziehungsweisen könnten sich heute gegenseitig ergänzen.

9. Soziale Verantwortung entwickeln

In der Erziehung geht es nicht nur darum, dass es den Kindern gut geht und dass sie mit ihren Bedürfnissen gut umgehen können. Der Sinn des Menschseins besteht auch darin, dass wir in dieser Welt einen Auftrag, eine Sendung haben. Wir dürfen nicht nur um uns selber kreisen. Wir haben Verantwortung für diese Welt und für andere Menschen. Zur Erziehung gehört es auch, dass wir die Verantwortung für andere Menschen wahrnehmen. In unserer Schule haben wir ein Programm für sozialen Einsatz. Die Schüler der 10. Klasse machen ein soziales Praktikum. Dafür werden zwei Wochen Schulzeit und eine Woche Ferienzeit eingeplant. Die Erfahrung zeigt, dass dieses Praktikum den Schülern sehr gut tut. Sie lernen die Welt kennen. Sie erfahren, wie viel Leid es in der Welt gibt. Und sie erkennen dankbar, dass sie privilegiert sind. Das Praktikum weckt das Interesse an anderen Menschen, vor allem an denen, die sozial benachteiligt sind, die krank oder behindert sind oder die in der Gesellschaft keine Chancen haben. Die Schüler lassen sich normalerweise von der Not der Menschen anstecken und erkennen, dass es zu wenig ist, nur um sich und um die eigenen Bedürfnisse zu kreisen. Wenn sie zurückkehren, sind sie wesentlich motivierter, sich auf den Unterricht einzulassen. Sie sind auf einmal dankbar, dass sie lernen dürfen und durch ihre Bildung eine Chance für die Zukunft haben. Und die Schüler führen Projekte durch, um Kindern in Afrika zu helfen. Sie organisieren einen Benefizlauf, um aus den Spenden eine Schule in Afrika zu unterstützen. Die Schüler entwickeln dabei Kreativität und Engagement. Es tut ihnen gut, wenn sie erkennen, dass durch ihren Einsatz in Afrika Kinder eine Ausbildung bekommen können. Gerade im Zeitalter der Globalisierung ist es wichtig, dass Kinder und Jugendliche über ihren Tellerrand hinaussehen und überlegen, wie sie konkret an einigen Stellen dieser Welt etwas verbessern können.

* * *

Anselm Grün: Wie steht es bei Euch um die soziale Verantwortung der Kinder und Schüler in der Gesellschaft oder auch über die taiwanesische Gesellschaft hinaus?

Hsin-Ju Wu: In der jüngsten Vergangenheit hat uns die Studentenbewegung positiv überrascht. Wir hätten nicht gedacht, dass die sogenannte »Erdbeergeneration« sich auch um die soziale Verantwortung kümmern würde. Doch die Studenten sind gegen die Regierung aufgestanden und haben protestiert. Hier zeigte sich die positive

Seite moderner Technologie. Durch ihre Vernetzung im Internet haben sie die Informationen gezielt weitergegeben und sie konnten zudem die Demonstrationen sehr gut organisieren. Beobachter sagen: Viele Schüler und Studenten sind durch diese Bewegung reifer geworden. Es gab an einem Wochenende eine große Demonstration mit 500 000 Teilnehmern. Am Ende der Demonstration vor dem Präsidentensitz bat der Moderator alle Teilnehmer, die Abfälle aufzuräumen. Und das Überraschende: Tatsächlich haben sich dann die Leute innerhalb von 30 Minuten auf den Weg gemacht und den ganzen Müll weggeräumt. Die Straße war so sauber wie sonst nie. Die jungen Leute sind wirklich reifer und verantwortungsvoller geworden.

Wie lernt man soziale Verantwortung? Das beginnt bei der Verantwortung innerhalb der Familie. Die Kinder sollten lernen, konkrete Verantwortung in der Familie zu übernehmen. Aufgabe der Eltern ist es, mit ihren Kindern über die Familienprobleme angemessen zu diskutieren. Die Kinder lernen dann, im Haushalt angemessen mitzuhelfen. Doch die soziale Verantwortung bleibt nicht auf die Familie beschränkt. Es wäre gut, wenn die Eltern mit ihren Kindern auch über die Gesellschaft und über die Nachrichten im Fernsehen diskutieren.

10. Wurzeln finden, Traditionen achten

Heute werden viele Menschen krank, weil sie keine Wurzeln haben. Gerade die Depressionen haben oft in der Wurzellosigkeit ihre Ursache. Es ist wichtig, dass die Kinder in der Familie ihre Wurzeln finden. Die Wurzeln bestehen in der Weisheit, die die Vorfahren in die Familie gebracht und die sie vorgelebt haben. Den Kindern tut es gut, wenn sie erfahren, wie die Eltern, Großeltern und Urgroßeltern ihr Leben gemeistert haben und heute noch meistern. Bei den Großeltern finden die Kinder Geborgenheit und Halt. Sie tauchen ein in ihre Lebenserfahrung und haben so Anteil an ihrer Erfahrung. Ein Ort, an dem die Kinder mit den Wurzeln ihrer Familie in Berührung kommen, sind die Rituale, die in dieser Familie seit Generationen gepflegt worden sind. Die Vorfahren haben sich an diesen Ritualen festgehalten und mit ihrer Hilfe ihr Leben bewältigt, das nicht immer einfach war, das durch Zeiten von Krieg, Armut, Krankheit und Not gekennzeichnet war. Wenn die Kinder bewusst diese Rituale feiern, haben sie teil an der Lebenskraft und Glaubenskraft ihrer Vorfahren. Das stärkt sie heute, damit sie aus dieser Kraft heraus ihr Leben in guter Weise meistern.

Hsin-Ju Wu: In der chinesischen Kultur spielen die Wurzeln eine große Rolle. Die familiäre Tradition ist ein wesentlicher Bestandteil in der Erziehung. Ein Beispiel zeigen die Vornamen, die jeder trägt. In vielen Familien gibt es den Stammbaum, den man möglichst weit zurückverfolgt. Im Stammbaum steht die Reihenfolge der Vornamen der verschiedenen Generationen. Die Generationenfolge des Vaters trägt immer ein gleiches Zeichen im Vornamen. Bei uns sind in den Vornamen meistens zwei Zeichen miteinander kombiniert. Ich heiße z. B. Hsin-Ju. Also haben meine Geschwister und Cousinen von Vaterseite das gleiche Zeichen »Hsin« im Vornamen. »Hsin« bedeutet: Glauben und Vertrauen. Die Generation von meinem Vater hat »Chi« im Vornamen. »Chi« bedeutet: öffnen oder Offenbarung. Alle Generationen kennen ihre Wurzel in der Familiengeschichte. Das schafft Identität und Geborgenheit. Die Namen der einzelnen Personen lassen uns etwas erkennen vom Geist, der in dieser Familie herrscht.

Letztes Jahr hat mein Schwiegervater eine »Reise zu den Wurzeln« für unsere ganze Familie organisiert. Alle Familienangehörigen, insgesamt 16 Personen, sollten daran teilnehmen. Wir sind gemeinsam mit den Kindern in die Heimatstadt meines Schwiegervaters gefahren und haben dort die Verwandtschaft besucht. Die Großeltern haben dann den Kindern die Geschichte der Familie erzählt und vor Ort wichtige Schauplätze der Familiengeschichte gezeigt. Das war sehr bewegend. Die Kinder waren sehr stolz auf ihre eigene Herkunft, sie erfuhren die Zugehörigkeit zu einem »Größeren« und haben so eine tiefe Geborgenheit und Identität gespürt.

Zu den Wurzeln der Familie gehören auch die Tradition, die Rituale und die Bräuche, die in der Familie seit langer Zeit praktiziert werden. In der Tradition steckt Weisheit. Wenn die Kinder sich mit der Familiengeschichte beschäftigen, haben sie teil an der Erfahrung, die in dieser Familie sich angesammelt hat. Und sie können aus der Familiengeschichte Selbstvertrauen entwickeln. Sie sind stolz, zu dieser Familie zu gehören. Sie lernen, wie die Ahnen viele Schwierigkeiten bewältigt haben und welche Begabungen es in der Familie gibt. In meiner Familie gibt es eine musikalische Begabung, sowohl bei meinem Großvater als auch bei meinem Urgroßvater. Meine Kinder lernen auch Klavier. Wenn es Schwierigkeiten beim Erlernen des Klavierspieles gibt, ist das Wissen um die musikalische Begabung der Vorfahren eine Ermutigung für die Kinder, nicht gleich aufzugeben, sondern der Familientradition alle Ehre zu machen.

Für die Kinder ist es wichtig, ihr Leben mit den wichtigsten Phasen immer wieder anzuschauen. Bei uns ist der erste Monatsgeburtstag wichtig, der einen Monat nach der Geburt gefeiert wird, dann der erste Geburtstag nach einem Jahr. Natürlich sind Tage wie Erstkommunion oder Konfirmation für uns Christen wichtig geworden. Wenn die Kinder 16 Jahre alt sind, gibt es ein Ritual für das Erwachsenwerden. Bei uns schauen viele Kinder gerne das Foto vom »Fest des ersten Monats« an. Bei den Christen fällt dieses Fest oft mit der Taufe des Kindes zusammen. Die Kinder schauen dann die Photos an, sie interessieren sich für die Gäste, die dabei waren, und für das Essen, das es gab. Dann spüren sie, dass das Leben fließt und sie von der ganzen Familie und Verwandtschaft gesegnet sind. Das führt auch dazu, dass sie ihr eigenes Leben wertschätzen. Sie sind dankbar für ihr Leben, das von so vielen Menschen gefeiert wurde und immer wieder gefeiert wird.

In der chinesischen Kultur ist auch die Essenstradition wichtig. An den einzelnen Feiertagen gibt es jeweils ein typisches Essen und ganz besondere Kekse. Vier traditionelle Feiertage sind dabei besonders wichtig: Neujahr, das sich nach dem Mondkalender richtet, das Totengedächtnis, das

Sommerfest und das Herbstfest, das in der Mitte des Herbstes gefeiert wird und auch Mondfest heißt. Bei uns backt die ganze Familie dann diese besonderen Kekse. Das führt uns immer zusammen und auch die Kinder machen gerne mit. Sie spüren dabei den Wert ihrer Familie, in die sie hineingeboren worden sind. Durch das Lebendighalten dieser alten Tradition wird eine Brücke zwischen den Kindern und Großeltern aufgebaut. Für die Kinder ist es gut, durch die Essenstradition ihre eigenen Wurzeln zu entdecken und stolz auf die Kultur der Familie zu sein. Dass viele Kinder auch in unserem Land der Faszination des »fast-food« erliegen und sich zu sehr von der amerikanischen Essenskultur beeinflussen, ist sehr schade. Denn damit geht mehr als eine wichtige Essenstradition verloren.

Bei der Vermittlung der Tradition spielen die Großeltern eine wichtige Rolle. Die Großeltern meiner Kinder laden uns immer ein, die traditionellen Feste mit ihnen zu feiern. Dabei erzählen sie Geschichten, die sie mit diesem Fest verbinden. Und sie geben den Enkelkindern Anteil an ihren Erfahrungen. Die Tradition weiterzugeben ist eine wichtige Aufgabe für ältere Menschen. Heute laden viele Altersheime an den traditionellen Festen Kinder ein, um ihnen die alten Traditionen zu zeigen und zu erklären. Indem sie gemeinsam das Fest feiern, geht den Kindern der Sinn dieser Feste auf. Aber nicht nur die Altersheime werden aktiv. Auch Schulen organisieren an diesen Festen, dass ihre Schüler in Altersheime gehen, um die ältere Generation an diesen Festen zu befragen und mit ihnen gemeinsam zu feiern. Das ist eine gute Gelegenheit, die Erfahrungen zwischen den Generationen auszutauschen.

Fazit

Hsin-Ju Wu: Beim Schreiben hatte ich manchmal Angst, weil ich keine Expertin in Fragen der Pädagogik bin. Aber nach den Gesprächen mit P. Anselm ist mir klar geworden: Alle Eltern sind Fachleute für die Erziehung ihrer eigenen Kinder. Kinder sind Menschen und keine Fächer. Es geht nicht darum, Kinder in ein Fach zu stecken. So bekam ich Mut, meine Erfahrungen in der Kindererziehung zu beschreiben. Dabei sind meine Erfahrungen und Einsichten nur eine Anregung für andere Eltern. Ich will kein Vorbild und kein Muster für andere sein. Die Leser und Leserinnen sollen selbst spüren, wie sie ihre Kinder erziehen wollen. Ich habe neun Jahre in Deutschland Volkswirtschaft studiert. So habe ich die Erziehung kennen gelernt, wie man sie in Deutschland versteht. Auf meine persönliche Erziehungsaufgabe haben sowohl Erkenntnisse und Erfahrungen aus meiner chinesischen Tradition und zugleich aus der deutschen Pädagogik Einfluss gehabt.

Als ich die Bücher von P. Anselm ins Chinesische übersetzt und veröffentlicht hatte, habe ich in der Folge immer mehr auf die Spiritualität im Leben und in der Familie geachtet. Das hat mir bei der Erziehung meiner eigenen Kinder sehr geholfen. Ich bin, glaube ich, geduldiger und offener, vielleicht auch weiser gegenüber meinen Kindern geworden. Ich habe gemerkt, wie wichtig eine spirituelle Familienkultur für Kinder sein und sie auch verwandeln könnte. Bei den Gesprächen mit P. Anselm über die Erziehung sind mir allerdings auch meine Schattenseiten bewusst geworden. Doch ich sehe meine Schattenseiten und die Schattenseiten meines Mannes und meiner Kinder nicht nur negativ. Mir hat sich ein Bild aufgedrängt, wie ich meine Schattenseiten sehen könnte: Wir sind alle wie Bäume im Wald. Jeder Baum wirft Schatten. Aber so wie der Schatten des Baumes für andere hilfreich sein kann, damit sie sich darunter ausruhen können, so könnten auch unsere Schattenseiten für uns selbst und für andere zum Segen werden. Unsere Schattenseiten spenden auch kühlen Schatten. Ohne Schatten wäre es zu heiß für uns und es gäbe keinen Platz zum Ausruhen.

Im Gespräch mit P. Anselm habe ich verstanden, dass es im Dialog zwischen Ost und West nicht um Konkurrenz oder um ein Vergleichen geht, welcher Stil nun besser sei. Es geht nicht um besser oder schlechter, sondern darum, dass die Weisheit des Ostens und die Weisheit des Westens sich gegenseitig befruchten. Von der Weisheit des andern lernen heißt nicht, dass wir alles kopieren und die eigene Tradition ablehnen, oder aber die fremden Sichtweisen der anderen Tradition kritisieren. Vielmehr geht es darum, die fremde Weisheit auch in der eigenen Kultur zu entdecken und so die eigenen Wurzeln klarer zu erkennen. Und es geht darum, die Weisheit von Ost und West jeweils mit den eigenen gesellschaftlichen Bedingungen zu kombinieren. Dann merkt man auch, dass die Schattenseite der eigenen Kultur gleichzeitig ein Ausruh-Schatten für die andere Kultur sein könnte. Und umgekehrt gilt das Gleiche. So ergänzen wir uns gegenseitig.

Für mich ist Erziehung ein evolutionärer Prozess, der sowohl die Eltern als auch die Kinder verwandelt. Wenn Eltern ihre Kinder gut und mit ganzem Herzen begleiten, dann passen sie sich mit der Zeit einander an. Die Eltern finden dann von allein die beste Lösung für die Kinder. Eltern sind nie von Geburt an schon perfekte Eltern. Aber wenn sie nahe bei den Kindern sind, finden sie von selbst die beste Weise, ihre Kinder zu erziehen. Beide wachsen in diesem Erziehungsprozess. Daher ist es mir ganz wichtig, die Eltern, die meine Gedanken lesen, nicht unter Druck zu setzen. Ich möchte sie einfach nur ermutigen, ihrem Gefühl zu trauen und sich ganz auf die Kinder einzulassen. Dann finden sie von alleine den richtigen Weg.

Anselm Grün: Bei meinen Besuchen in Asien war ich immer fasziniert von der Freundlichkeit der Menschen und von ihrer Offenheit. Ich hätte nie gedacht, dass die Asiaten meine Gedanken verstehen und dass wir in einen offenen Austausch über meine Gedanken kommen könnten. So war es für mich eine gute Erfahrung, mit Hsin-Ju Wu über die Erziehung zu sprechen. Als Mönch habe ich ja wenig praktische Erfahrung mit Erziehung, außer meiner eigenen Erziehung und meiner relativ kurzen Zeit, in der ich Erzieher in unserem Internat gewesen bin. In Gesprächen mit Vätern und Müttern bekomme ich viele Probleme mit, die den Eltern bei der Kindererziehung begegnen. Mein Anliegen war es immer, den Eltern kein schlechtes Gewissen zu machen und sie nicht unter Druck zu setzen, dass sie alles perfekt machen müssen. Eine perfekte Erziehung gibt es nicht. In den Gesprächen wollte ich den Eltern immer Vertrauen in das eigene Gespür und in die Weisheit der eigenen Seele vermitteln. Darum geht es mir auch jetzt in diesem gemeinsamen Buch.

Im Gespräch mit Hsin-Ju Wu wollte ich einfach verstehen, wie die Asiaten ihre Kinder erziehen und warum sie

Erziehung so verstehen. Und natürlich habe ich mich immer dafür interessiert, welche Erfahrungen hinter den verschiedenen Erziehungsmodellen stehen und welche Auswirkungen die jeweils andere Erziehung hat. Heute gibt es keinen rein westlichen und rein östlichen Erziehungsstil mehr. Im Zeichen der Globalisierung und des Internet sind die verschiedenen Erziehungsstile in allen Köpfen präsent. Dennoch hat die jeweils unterschiedliche Kultur andere Akzente gesetzt. Und es ist gut, zu sehen, wie die Eltern in Asien ihre Kinder erziehen. Es geht nicht darum, zu bewerten, oder den eigenen Stil zu rechtfertigen oder abzulehnen. Im ehrlichen Hinhören auf die verschiedenen Auffassungen von Erziehung sollen wir auf die eigene Seele hören und uns fragen: Wenn ich die Erfahrungen in den unterschiedlichen Erziehungsstilen anschaue, was spricht mich an? Was möchte ich für mich lernen? Und wie verstehe ich meine eigene Art zu erziehen?

So wünsche ich allen Leserinnen und Lesern, dass sie in diesem Dialog zwischen einer taiwanesischen Mutter und einem deutschen Mönch Anregungen bekommen, um über die Erziehung ihrer Kinder nachzudenken. Auf keinen Fall möchten wir, dass Sie beim Lesen ein schlechtes Gewissen bekommen und nur danach fragen, was sie falsch gemacht haben. Es ist wichtig, sich einzugestehen: Ich habe gegeben, was ich geben konnte. Vielleicht war es nicht immer genug. Aber ich vertraue darauf, dass Gott das, was ich gegeben habe, für die Kinder zum Segen werden lässt. Und ich vertraue darauf, dass die Kinder aus dem, was sie empfangen haben, etwas machen.

Wir beide wünschen allen, dass sie durch das Lesen ermutigt werden, dem eigenen Gespür zu trauen und zugleich die eigene Sichtweise zu hinterfragen und zu erweitern. Der Dialog soll nicht damit enden, dass der eine Recht hat und der andere nicht, sondern dass beide am Ende mit neuen Augen auf sich selbst und ihre Erziehungsweise schauen. So wünschen wir allen eine neue, klarere und weitherzigere Sicht auf ihr Leben.

Literatur

Asfa-Wossen Asserate, Manieren, Frankfurt 2004.

Amy Chua, Die Mutter des Erfolgs. Wie ich meinen Kindern das Siegen beibrachte, München 2012.

Bernhard Bueb, Lob der Disziplin. Eine Streitschrift, Berlin 2008.

Karl Frielingsdorf, Vom Überleben zum Leben, Mainz 1991.

Anselm Grün, Menschen führen – Leben wecken, Münsterschwarzach 1998.

Josef Kraus, Helikoptereltern. Schluss mit Förderwahn und Verwöhnung, Reinbek, 2011.

Kinder führen